안셀름 그륀의
종교란 무엇인가

Anselm Grün, *Wie hältst Du's mit der Religion*
© 2019 Vier-Tuerme GmbH, Verlag, 97359 Münsterschwarzach Abtei.

안셀름 그륀의 종교란 무엇인가

2020년 6월 12일 교회 인가
2021년 5월 16일 초판 1쇄 펴냄

지은이 · 안셀름 그륀
옮긴이 · 신정훈
펴낸이 · 염수정
펴낸곳 · 가톨릭출판사
편집 겸 인쇄인 · 김대영
디자인 · 정진아

본사 · 서울특별시 중구 중림로 27
등록 · 1958. 1. 16. 제2-314호
전자우편 · edit@catholicbook.kr
전화 · 1544-1886(대표 번호)
지로번호 · 3000997

ISBN 978-89-321-1772-0 03230

값 16,000원

가톨릭의 모든 도서와 성물을 '가톨릭출판사 인터넷쇼핑몰'에서 만나 보실 수 있습니다.
http://www.catholicbook.kr | (02)6365-1888(구입 문의)

성경 ⓒ 한국천주교중앙협의회, 2021.

이 책의 한국어판 저작권은 (재)천주교서울대교구 가톨릭출판사에 있습니다.
저작권법에 의해 한국 내에서 보호를 받는 저작물이므로 무단 전재와 무단 복제를 금합니다.

Anselm Grün

안셀름 그륀의
종교란 무엇인가

안셀름 그륀 지음 | 신정훈 옮김

안셀름 그륀 신부에게 던지는

75개의 질문

가톨릭출판사

이 책을 읽기 전에

　사랑하는 독자 여러분, 이 책을 처음부터 끝까지 단번에 다 읽거나 연구하듯이 읽을 필요는 없습니다. '여는 글'을 읽은 뒤, 75개 질문이 담긴 목차를 보면서 여러분에게 말을 걸어오는 질문부터 읽어 보십시오. 그 뒤에 다시 목차로 가서 말을 걸어오는 문제를 찾아 읽거나, 여기저기 서로 연관된 질문을 읽으셔도 됩니다. 이렇게 건너뛰면서 책을 읽어도 이해하는 데 전혀 문제가 되지 않습니다. 물론 처음부터 끝까지 정독해도 좋습니다.

　여러분 자신의 고유한 문을 찾아보십시오. 무궁무진한 주제인 '신앙'을 다루는 책에서는 이것이 가장 중요합니다. 나 자신으로 들어가는 문, 여러분이 지금 관심을 갖는 주제를 발견해 보십시오. 두려워하지 말고 찾아보십시오. 신앙의 세계는 그처럼 풍부하고 끝이 없습니다. 또한 이는 자기 자신을 찾는 여행에서 발견됩니다. 여러분은 종교를, 신앙을 어떻게 생각하시나요?

여기서 과연 누구를 만날까요? 여러분처럼 신앙을 찾아나서는 동시대인 또는 주변 사람들일 수도 있고, 우리를 열광케 하는 위대한 신앙의 증인들일 수도 있습니다.

이 책을 능가하는 더 많은 지식과 대안적 시각은 언제나 존재합니다. 비록 이 책이 신앙에 대해 모든 것을 담고 있지는 않지만, 여러분을 일깨울 만한 내용은 충분히 담았습니다. 이 책이 여러분 신앙의 토대가 되기를 바랍니다. 아울러, 이 책으로 많이 생각하고 의견을 나누어 보십시오. 그로써 신앙을 새롭게 발견하는 흥미진진한 여행이 되기를 바랍니다.

2019년 성령 강림 대축일에,

안셀름 그륀과 빈프리트 논호프

여는 글

신앙의 빛나는 아름다움을 발견할 수 있기를 바라며

오늘날 독자들은 두꺼운 책을 선호하지 않습니다. 그들은 자신들의 질문에 짧고 명확한 답을 찾고자 하지요. 그러하기에 신앙을 주제로 짧게 다루는 것도 의미가 있습니다. 이 책이 바로 신앙에 대한 75개의 질문에 짧고 명료한 답을 제공합니다.

여러분 중 몇 분은 어린 시절, 교리 문답으로 교리 교육을 받았던 기억이 있을 것입니다. 그 질문에 대한 답을 읽어 보면 간단하면서도 명확하고 절대적이어서, 신앙이 우리의 모든 문제에 답을 줄 수 있는 것처럼 느껴집니다. 저는 빈프리트 논호프가 제기한 75개 질문을 제 방식으로 간략하게 답을 제시할 수 있다는 점이 가장 끌렸습니다. 그의 질문은 다시 한 번 제 신앙을 돌아보며 반성하게 했고, 또한 그것을 어떻게 표현해야 현대인들이 잘 이해할 수 있는지 숙고하게 만들었기 때문입니다.

저는 질문에 대한 답을 작성하면서 대大신학자 카를 라너(Karl Rahner, 1904~1984년)에게서 용기를 얻었습니다. 그는 1974년에 교리 문답을 발행하면서 다음과 같은 바람을 드러냈습니다. "오늘날 신앙 문제에서 '교육을 많이 받지 않은' 사람도 이해할 수 있고, 소위 교육 수준이 높은 이도 자신의 질문에 답을 찾을 수 있는 언어가 있었으면 한다. 이 모두를 가능하게 하는 언어가 아직 없기에 그런 언어는 발견되어야 할 것이다."(K. Rahner, 《Ein kleiner Katechismus, München》, 129)

저는 독자 여러분을 생각하며 쉽게 쓰려고 노력했으나 여러분이 신앙을 모두 이해할 정도의 알맞은 언어는 발견하지 못했습니다. 설령 이것이 가능한 일일까요? 75개의 질문과 답으로 신앙 전체를 설명할 수는 없습니다. 또한 그것이 그렇게 중요하지도 않습니다. 중요한 것은 현대인들이 자신의 신앙에 대해 질문하고 답을 찾는 것입니다. 빈프리트 논호프의 질문은 오늘날 영적인 길을 찾고자 하는 많은 이가 묻는 질문을 대표하며 그중에서 선택된 것입니다. 그들은 신앙이 자신들의 질문에 어떤 답을 줄 수 있는지 알고 싶어 합니다.

일흔다섯이라는 숫자는 저의 75세 생일 때문에 선택했습니다.

숫자는 늘 저에게 상징적인 의미를 줍니다. 일곱은 변화의 숫자입니다. 신앙은 우리 삶을 변화시킵니다. 우리는 하느님께서 마련해 주신 유일회적인 모습으로 변화해야 합니다. 그 변화의 목표는 자기 자신이 되는 것입니다. 그래서 이 질문과 답은 여러분의 정체성, 고유한 자아를 찾도록 도와줍니다.

다섯이라는 숫자는 고대에 사랑을 의미했습니다. 이 숫자는 사랑의 여신인 아프로디테에게 속한다고 여겼습니다. 신앙은 모든 인간 영혼의 토대가 됨에도 불구하고, 그로부터 떨어져 나간 채 살고 있는 이들을 사랑으로 연결해 줍니다. 저에게도 다섯이라는 숫자는 사랑을 의미합니다. 저는 독자 여러분을 사랑합니다. 그러하기에 이 책에서 어떠한 권위주의적인 답변도 내놓지 않고, 제가 사랑하는 이들을 위해 답하겠습니다. '대답'은 '말'과 '마주함'이 합성된 개념으로, 추상적이지 않고 항상 인간과 관계를 맺습니다. 그래서 제가 한 사람과 얼굴을 마주하고 말을 한다면, 오직 사랑으로 대하고 싶습니다. 그렇게 상대방을 사랑으로 대할 때, 비로소 책임질 수 있는 말을 할 수 있습니다.

그리스도교 전통은 신앙을 표현하는 여러 신학적 시도를 포괄합니다. 제가 수백 년 동안 발전해 온 신학과 다양한 영성의 길을 75개의 질문과 답으로 온전히 설명할 수는 없습니다. 하지만 저는 로마에서 교의신학 분야의 박사 학위를 취득하면서 배운 풍부한 그리스도교 전통이 짧은 답에서도 드러날 수 있도록 노력했습니다. 무엇보다도 여러분이 신앙에서 빛나는 아름다움을 발견할 수 있기를 바라는 마음으로 썼습니다.

신앙은 수백 년 동안 지어진 집과 같습니다. 우리 사회는 신앙의 집으로 가는 통로가 막혀 있습니다. 그래서 삶의 아름다움을 느끼지 못하고 일상에서 작은 위안조차 받지 못합니다. 그렇기 때문에 이 책의 질문과 답이 중요합니다. 신앙의 위로를 새롭게 발견할 수 있기 때문입니다. 거대한 영적 전통이 지닌 아름다움을 느낄 수 있는 질문으로 신앙의 문을 열고, 답변을 통해 신앙의 집 안으로 들어올 수 있도록 여러분을 안내하고자 합니다.

여러분이 이 책을 편견 없이 살펴본다면 신앙의 아름다움을 발견할 수 있습니다. 지난 2천 년 동안 수많은 신학자와 신비가들이 함께 지은 신학이라는 건물은 매우 아름답습니다. 우리에게 삶의 신비를 계시하고 인간의 존엄성을 설명해 줄 뿐만 아니라, 삶의 의미를 초월한 매우 신비로운 존재가 있다는 사실과 인간의 깊숙한 곳에 자리한 그 갈망에 대한 설명과 통찰이 그 안에 있기 때문입니다.

하지만 이러한 신학은 신앙의 집으로 가는 방법 가운데 하나일 뿐입니다. 신앙에서 영감을 얻은 예술은 신앙으로 나아가는 또 다른 중요한 길입니다. 신앙의 집에는 우리를 감동시키는 음악이 흘러나오고, 2천 년 동안 그리스도교 예술가들이 그린 작품들로 가득 차 있습니다. 또한 하느님의 아름다움과 우리의 신앙을 반영한 건축물도 있습니다. 그렇기 때문에 여기에 모아진 답을 읽는 것만으로는 충분하지 않습니다. 그 답은 한정되고 제한될 수밖에 없습니다. 그래서 저는 신앙의 아름다움이 담긴 모든 예술 작품을 접하고, 모든 말을 뛰어넘고 감동을 주는 영적인 음악을 들으라고 권하고 싶습니다.

75개 질문과 답은 여러분에게 신앙을 새롭게 일깨워 줄 것입니다. 새로운 눈으로 성경을 읽고 인간 체험의 풍성함을 발견해 보세요. 전례에 참여하면서 제시되고 기념되는 것을 편견 없이 느껴 보세요. 여러분에게 제시한 질문과 답은 여러분의 일상은 물론, 모든 전례와 축일, 교회 건물과 예술 작품까지도 새롭게 볼 수 있게 해 줄 것입니다. 그리하여 신앙의 아름다움과 신앙의 삶이 엮어 내는 예술의 아름다움에 새롭게 매료되기를 바랍니다.

차례

이 책을 읽기 전에 5

여는 글 신앙의 빛나는 아름다움을 발견할 수 있기를 바라며 7

제1장 하느님 — 사랑과 자비의 모습을 지니신 분

하느님 존재를 증명할 수 있나요? 25

하느님께서 당신을 드러내신 사건이 있나요?
우리는 그것을 어떻게 느낄 수 있나요? 27

하느님께서는 허구나 상상의 존재가 아닐까요? 30

하느님께서는 나와 무관한 독립적인 실재이신가요? 32

인간의 이성으로 하느님께 가까이 갈 수 있나요? 34

세상 도처에는 각기 다른 하느님 상이 존재합니다.
그것은 결국 같은 하느님을 말하는 건가요? 36

하느님께서는 다른 많은 민족과 문화에서 어떤 존재이신가요? 38

그리스도교의 하느님과 그분께 대한 신앙이 다른 종교의 신 상보다
우월한가요? 41

하느님과 나는 연결되어 있나요? 42

인간이 하느님의 통역자가 될 수 있나요? 44

남자와 여자가 하느님께 다가가는 방식이나 하느님 상이 서로
다른가요? 46

하느님께서는 시대마다 당신을 다르게 드러내시나요? 48

세상의 실상을 보면서 하느님께서 전능하신 분이라고 말할 수 있나요? 50

그리스도교는 하느님 존재에 관한 질문에 답을 줄 수 있나요? 52

기적이 있나요? 57

세상의 혼란이 한 분이신 하느님을 부정하지 않나요? 60

그리스도인도 과학적 사고를 따를 수 있나요? 63

인간과 무관한 악이 존재하나요? 악마는 실제로 존재하나요? 65

하느님께서는 사랑이신가요? 68

하느님께서 악하실 수 있나요? 그분께서는 우리를 벌하시나요? 72

삼위일체이신 하느님을 오늘날 내가 어떻게 이해할 수 있을까요?
이것이 나에게 어떤 의미가 있나요? 74

성령에 관한 은사는 무엇을 의미하나요?
성령께서는 내 안에서도 활동하시나요? 78

제2장 예수님 — 내 삶의 이정표가 되시는 분

예수님께서는 역사적 인물인가요?
그렇다면 어떻게 계속 살아 계시며 우리 안에서 활동하시나요? 83

2천 년 이전에 예수님께서 걸어가신 수난의 길과 그분의 생애가 나에게
어떤 의미가 있나요? 87

예수님의 십자가상 죽음과 부활이 나에게 어떠한 영향을 주나요?
이것은 나에게 좋은 소식인가요? 90

신앙과 하느님, 그리고 예수님께서 우리의 역사와 어떤 연관이 있나요? 93

예수님을 통해서 하느님을 새롭게 알 수 있나요? 95

제가 예수님을 사랑할 수 있나요? 그분의 사랑을 어떻게 느낄 수 있나요?
예수님을 사랑하는 방식이 남녀 간에 차이가 있나요? 98

예수님께서는 현재 내 삶에 대안을 제시해 주시나요? 102

하느님께서는 어디에 사시나요? 그곳에 예수님도 사시나요? 104

현대 과학의 세계관이 하느님께서 머무시는 특정 장소를 없앤 건가요? 106

제3장 인간 ― 하느님의 모상에 가까워지려는 이들

모든 사람이 하느님을 믿지 않아도 하느님께서는 그들을 구원하시나요?
모든 사람이 하늘나라에 들어갈 수 있나요? 109

믿는 이들은 늘 도덕적이며 바르게 행동하나요? 111

나는 죄인인가요? 죄란 무엇인가요? 114

나에게 영혼이 있나요? 동물에게도 영혼이 있나요? 117

신앙과 구원은 서로 연관되나요? 구원은 무엇을 의미하나요?
저도 구원을 받을 수 있나요? 120

인간에게 신적인 면이 있나요?
그렇다면 나에게 신적인 면은 무엇인가요? 124

제4장 신앙 — 새로운 눈으로 세상을 바라보는 힘

믿음이란 무엇일까요? 131

어린이의 믿음과 어른의 믿음은 어떻게 다른가요? 135

신앙을 받아들이는 힘은 어디에서 나오나요? 137

신앙은 배워 익힐 수 있나요? 내가 원하면 신앙이 생길 수 있나요? 139

신앙은 나에게 주어진 선물인가요? 142

믿음과 지식의 차이는 무엇일까요? 144

믿음은 늘 종교와 관련되나요? 146

신앙과 종교는 같나요? 147

신앙은 생각하기를 싫어하는 지친 사람들을 위한 것일까요? 149

신앙을 이해하려면 신앙 언어를 배워야 하나요? 151

교회의 전통이 가르치는 것을 모두 믿어야 하나요? 153

신앙의 내용을 설명하려면 어떠한 규칙이 있어야 하나요? 155

신앙은 세상의 기원에 대해 어떻게 말하나요? 158

그리스도교 신앙은 나의 죽음과 세상 종말에서 어떤 희망을 갖게 하나요? 160

신앙을 의심하면 안 되나요? 162

은총은 무엇인가요? 164

이성과 동의는 어떠한 관련이 있나요?
이 둘은 조화를 이루나요? 아니면 대립되나요? 167

신앙은 굴복하는 것일까요? 각자 고유한 신앙을 가질 권리가 있나요? 169

제5장 성경 — 우리에게 건네시는 하느님의 말씀

하느님께서는 성경을 통해 말씀하시나요?
그분께서 나에게 말씀하시는 것을 어떻게 알 수 있나요? 173

성경은 단 번에 쓰였나요? 177

성경을 준비 없이 읽어도 이해할 수 있나요? 179

그리스도인들은 구약 성경을 유다인과 다르게 읽나요? 181

신앙에 관한 성경의 주요 구절을 알려 줄 수 있나요? 184

제6장 교회 — 모든 이들의 신앙 공동체

세상에는 왜 교회가 많은가요? 199

그리스도교 신앙에 교회가 반드시 있어야 하나요?
교회답다는 것은 무엇이며, 교회 없이도 신앙생활을 할 수 있나요? 202

교회의 과오가 우리를 신앙과 멀어지게 하지는 않았나요? 205

제7장 죽음 — 영원한 생명으로 나아가는 길

우리가 태어나기 이전의 삶과 죽음 이후의 삶이 있나요? 211

영원한 생명이 있나요? 영원한 생명이 나에게 어떤 의미를 주나요? 214

세상 마지막 날이나 내 인생 끝에는 심판이 기다리고 있나요? 216

죽은 이들은 어디에 살고 있나요? 그들은 실제로 죽은 것이 맞나요? 218

천국과 지옥은 무엇인가요? 219

많은 피해자들을 위한 정의는 언제 실현되나요? 222

제8장 실천 — 그리스도인의 희망을 선포하는 길

그리스도인이 지녀야 하는 삶의 기본자세와 특성은 무엇인가요? 227

신앙인과 비신앙인의 일상은 어떻게 다른가요?
그리스도인이 독자적으로 실천하는 것은 무엇인가요? 230

어떻게 기도해야 하나요? 하느님께서는 내게 귀 기울여 주시나요? 232

전례는 무엇을 의미하나요? 하느님께서도 전례가 필요하시나요? 235

세례는 무엇을 의미하나요?
우리는 세례를 받음으로써 다른 사람이 되나요? 237

신심과 영성은 무엇이며 어떻게 다른가요? 240

닫는 글 하느님의 감미로움을 맛보는 시간 242

제1장

하느님

사랑과 자비의 모습을 지니신 분

하느님 존재를 증명할 수 있나요?

그리스도교 신학의 역사는 끊임없이 하느님 존재를 증명해 왔습니다. 그 가운데에 우주론적 하느님 존재 증명이 있습니다. 존재하는 모든 것은 원인이 필요합니다. 모든 운동을 일으킨 '부동不動의 원동자原動子'가 있어야 합니다. 또한 윤리적 하느님 존재 증명이 있습니다. 이 증명은 모든 사람이 가치에 대한 의무감을 지닌다는 사실에서 출발합니다. 하지만 하느님께서 존재하지 않는다면 이 의무는 의미가 없습니다.

이 밖에도 형이상학적 하느님 존재 증명이 있습니다. 이 증명은 완전함에 대한 사유에서 출발합니다. 11세기에 캔터베리의 안셀모 성인(Anselm of Canterbury, 1033~1109년)은 하느님께서는 우리가 생각할 수 있는 가장 큰 존재이시고, 이 생각할 수 있는 가장 큰 존재는 실제로도 존재하셔야 한다고 말했습니다. 또한 그렇지 않다면 그 존재는 가장 큰 존재가 아닐 것이라고도 주장했습니다.

이 모든 증명은 역사에서 강력한 비판을 받았습니다. 오늘날 우리는 이 여러 증명을 신앙을 강화하는 보조 자료로 이해합니다. 하지만 이 여러 증명이 이성적으로 사고하는 모든 이가 무조건적으로 수용해야 하는 논리 정연한 증명은 아닙니다. 하느님 존재 증명에 수학의 엄밀성과 물리학의 검증 가능성이 빠져 있습니다.

우리의 영적인 삶이 하느님 존재 증명을 근거로 펼쳐질 수는 없습니다. 인간의 이성으로 하느님 존재를 증명해 보려 하지만, 하느님께서는 우리의 이성으로 이해할 수 있는 분이 아닙니다. 하느님의 존재 증명은 그분을 가리켜 보일 수는 있어도 결국 증명할 수는 없습니다. 그렇지 않다면 이성적인 모든 사람이 하느님을 믿어야 할 것입니다. 하느님의 존재 '증명'을 수용할 것인지, 그 여부에 대한 자유는 우리에게 있습니다.

하느님께서 당신을 드러내신 사건이 있나요?
우리는 그것을 어떻게 느낄 수 있나요?

　우리는 하느님께서 당신을 드러내신 사건을 모두 절대적인 증거로 인용할 수는 없습니다. 왜냐하면 여러 가지로 해석될 수 있기 때문입니다. 일부 개인적인 체험은 하느님께서 그에게 활동하셨음을 말해 줍니다. 우리는 그러한 체험을 신뢰할 수 있습니다. 거기엔 갑작스러운 통찰이 일어납니다. '생활을 변화시켜야 한다.' '더 이상 겉모습에 치중하며 살고 싶지 않다. 나의 내면으로 들어가야 한다고 강하게 느낀다.' 혹은 갑자기 우리에게 말을 건네는 성경 말씀을 통해, '아, 맞다!', '이것은 진리이다.'라고 느낍니다.
　이와 유사한 일이 훗날 십자가의 데레사 베네딕타 성녀로 시성된 에디트 슈타인(Edith Stein, 1891~1942년)에게 일어났습니다. 에디트 슈타인은 어느 날 우연히 친구의 집에서 예수의 데레사 성녀의 전기를 접하고, 밤새도록 그 책을 읽었습니다. 그리고 이것이 진리라고 느꼈습니다. 그 이후 에디트 슈타인의 삶은 완전히 변화되었습니다. 세례를 받았으며, 이후 예수의 데레사 성녀처럼 가르멜회 수녀가 된 것입니다.

많은 이들이 이와 비슷한 체험을 이야기합니다. 우리는 이러한 체험에서 하느님께서 몸소 우리를 건드리셨다고 믿을 수 있습니다. 하지만 우리는 이것을 다른 사람들 앞에서 증명할 수 없으며, 그저 그에 대해 증언할 따름입니다.

우리는 하느님께서 당신을 드러내신 역사적인 사건도 만납니다. 바로 탈출기에 나오는 홍해의 기적 사건이 그렇습니다. 이스라엘 사람들은 자기 민족의 역사에서 일어난 하느님의 위대한 행위를 계속해서 기억했습니다. 이것이 그들 신앙의 토대를 이루었고, 안식일인 토요일마다 하느님께서 그들을 이집트에서 해방시켜 주신 일을 기념합니다. 또한 이런 점이 그들의 신앙을 늘 새롭게 강화시켰습니다. 그리스도인들에게 예수님과 그분의 생애는 인간을 사랑하시는 하느님의 활동이 가시화된 사건입니다. 그리고 우리는 오늘날에도 하느님의 현존하심을 느낍니다.

정치사에도 하느님과 연결시킬 수 있는 사건이 있습니다. 1991년의 남아프리카공화국 인종 분리 정책 폐지와 1989년의 베를린 장

벽 붕괴 등이 그러한 사건이었습니다. 물론 정치학자들은 이 사건이 일어나게 된 다른 합리적인 근거를 제시할 수 있습니다. 하지만 베를린 장벽 붕괴의 도화선이 된 것은 라이프치히에서 월요일마다 열렸던 평화 기도회였는데, 여기에 참여했던 사람들은 이 사건을 하느님께서 활동하신 사건으로 체험했습니다. 우리는 이를 믿을 수 있습니다.

하느님께서는 허구나 상상의 존재가 아닐까요?

　독일의 철학자 포이어바흐(Ludwig Feuerbach, 1804~1872년)는 "하느님께서는 인간의 투사"라고 확신했습니다. 사람이 자신의 욕구를 모두 하느님으로 투사시킨다는 것이지요. 후에 이러한 생각을 정신분석학을 창시한 프로이트(Sigmund Freud, 1856~1939년)가 받아들였습니다. 프로이트에게 종교는 투사입니다. 프로이트나 포이어바흐에게 하느님은 존재하지 않습니다. 이들은 사람들이 보호자 내지 좋은 아버지에 대한 필요를 하느님 안에 투사시킨다고 보았습니다.
　이러한 의견을 비판할 필요는 없습니다. 하지만 우리가 하느님을 아버지나 우리의 기대를 채워 주는 좋은 엄마로 여기는 유아적 태도에 머물러 있다면, 이제 이러한 투사와는 결별해야 합니다.

성장한 이에게 어울리는 하느님 상을 발전시킬 필요가 있습니다. 우리의 거대한 환상을 하느님 안에 투사시켜 우리 자신을 하느님과 동일시하거나 믿지 않는 이들보다 위에 있다고 여긴다면, 우리는 참된 하느님과 멀어지고 건강한 영성을 놓치게 됩니다.

그러므로 우리의 하느님 상이 어디에서 유래하는지를 반드시 자문해야 합니다. 우리는 모든 존재의 근원이시자 인간과 마주하며 우리에게 말씀을 건네시는 하느님을 기다려야 합니다. 우리가 인식하는 모든 것에서 하느님의 흔적을 알아보기 위하여 우리의 감각을 개방해야 합니다. 신앙인은 하느님의 흔적을 알아볼 수 있습니다. 왜냐하면 이 흔적을 세상에 새겨 넣으신 한 분이신 하느님께서 계시기 때문입니다.

하느님께서는 나와 무관한 독립적인 실재이신가요?

우리는 하느님께서 우리 안에 계시다고 믿습니다. 하지만 우리가 하느님을 소유하고 그분을 우리의 내적 중심으로 축소시킬 수 있다는 것을 의미하지는 않습니다. 하느님께서는 독립적인 실재이십니다. 하지만 언제나 우리와 관계를 맺으십니다. 하느님께서는 모든 존재의 근거이시며 존재 그 자체이십니다. 토마스 아퀴나스 성인(Thomas Aquinas, 1224/25?~1274년)은 하느님께서는 '존재하는 어떤 것ens'이 아니라 '순수 존재esse'이시라고 말합니다. 우리는 하느님을 대비하면서만 사유할 수 있습니다.

하느님께서는 모든 존재의 창조주이시며 모든 존재를 관통하는 사랑이십니다. 그러므로 우리는 존재하는 사물과 창조된 세계와 인간 안에서 하느님을 만납니다. 하지만 우리는 하느님을 사물이나 창조된 세계, 인간 안에만 머물러 계시는 분으로 축소해서는 안 됩니다. 하느님께서는 언제나 모든 것을 초월하십니다. 신학은 이 사실을 다음과 같이 표현합니다. "하느님께서는 사물 안에 내재하실 뿐만 아니라 사물들을 초월하신다." 하느님께서는 우리가 보고 알 수 있는 모든 존재자 너머의 고유한 실재이십니다.

인간의 이성으로 하느님께 가까이 갈 수 있나요?

　바오로 사도는 우리가 우리의 이성으로 하느님을 알아볼 수 있다고 확신합니다. 그는 로마 신자들에게 보낸 서간에서 다음과 같이 썼습니다. "하느님에 관하여 알 수 있는 것이 이미 그들(믿지 않는 이들)에게 명백히 드러나 있기 때문입니다. 사실 하느님께서 그것을 그들에게 명백히 드러내 주셨습니다. 세상이 창조된 때부터, 하느님의 보이지 않는 본성 곧 그분의 영원한 힘과 신성을 조물을 통하여 알아보고 깨달을 수 있게 되었습니다."(로마 1,19-20) 우리는 이 세상의 피조물을 보면서 창조주이신 하느님을 추론할 수 있습니다. 바로 창조된 세계의 아름다움을 통해서 하느님을 원초적인 아름다움으로 인식할 수 있습니다. 적어도 바오로 사도는 그러했습니다.

오늘날 우리는 바오로 사도의 문장을 좀 더 조심스레 표현할 수 있습니다. 우리는 이성적인 모든 사람이 하느님을 믿어야 한다고 말할 수 없습니다. 하느님을 믿지 않는 이성적인 사람들이 분명히 있기 때문이지요. 하지만 우리의 이성으로 자연을 관조하고 탐색하는 사람은 적어도 자연의 신비를 마주할 것입니다. 그들은 그 자연의 신비를 하느님이라고 하지는 않아도 자연의 신비와 마주하며 놀라워하고 아름다움을 느낍니다. 또한 그들은 자연을 지배하는 법칙에 열린 태도를 지닙니다.

세상 도처에는 각기 다른 하느님 상이 존재합니다.
그것은 결국 같은 하느님을 말하는 건가요?

하느님께서는 한 분이십니다. 하지만 하느님 상은 다양합니다. 종교마다 고유한 하느님 상이 있습니다. 우리에게 이로운 하느님 상이 있는 반면 두려움을 자아내는 하느님 상이 있습니다. 우리의 그리스도교적인 하느님 상을 다른 종교의 하느님 상과 비교하면서, 우리가 그들에게서 무엇을 배울 수 있는지, 어디에서 의식적으로 거리를 두어야 하는지를 자문하는 것이 중요합니다.

우리 그리스도인들은 예수님께서 몸소 참된 하느님 상을 보여 주셨으며, 인간을 사랑하는 하느님의 모습을 전달해 주신 것이라 믿습니다. 사람들이 예수님의 가르침을 들었을 때 그들은 그분의 말씀에서 하느님의 현존을 느꼈습니다. 예수님께서는 하느님에 관해서 이야기하셨을 뿐만 아니라 당신의 말씀과 삶으로 하느님께서 드러나시도록 하셨습니다. 인간은 예수님의 말씀으로 하느님을 체험했습니다.

  루카 복음사가는 예수님께서 처음으로 카파르나움에서 청중들을 가르치셨던 장면을 묘사하며, 그들이 그분의 가르침에 권위가 있었기에 놀라워했다고 들려 주었습니다(루카 4,32 참조). 이 부분을 그리스어로는 '엔 엑수시아'라고 합니다. 예수님께서는 하느님께서 바로 거기 계셨을 정도로 자신의 존재에서 말씀하셨습니다. 그래서 사람들은 예수님께서 하느님에 관해서 이야기하실 뿐만 아니라 그분의 말씀을 통해서 하느님께서 몸소 현존하심을 느낀 것입니다.

하느님께서는 다른 많은 민족과 문화에서 어떤 존재이신가요?

하느님을 안다는 것에는 분명한 차이가 있습니다. 일부 민족들은 하느님을 두려운 분으로 여깁니다. 또 어떤 사람들은 하느님보다는 죽은 이의 영, 귀신을 더 두려워합니다. 그래서 그들은 죽은 이가 해코지나 보복하지 않도록 장례 절차와 규정을 철저하게 지킵니다. 이처럼 다른 문화의 사람들은 세상의 창조주이신 하느님을 우리와 동떨어진 분으로 여기기도 합니다.

하느님에 대해 아주 명료한 생각을 가진 민족과 문화도 있습니다. 유다교와 이슬람교가 그렇습니다. 그들에게 하느님께서는 창조주이실 뿐만 아니라 우리의 존재를 결정하시고 어떻게 살아야 하는지에 대해 지시를 내리는 분이십니다. 게다가 그분께서는 자비롭고 선하신 분이십니다. 이와 반대로 불교 신자들은 하느님 존재에 대한 구체적인 언급은 피합니다. 그들은 우리가 말하고 알 수 있는 하느님을 부정하며, 오히려 그분을 비인격적으로 생각합니다. 하지만 하느님께서는 순수한 존재이십니다. 그리스도교 신자들은 유다인, 무슬림, 불교 신자들과의 대화에서 이 종교들이 하느님을 어떻게 이해하는지를 알 수 있습니다. 그리고 그리스도인으로서 우리는 하느님께서 어떠한 분이신지 답변하기 위해, 다른 종교의 관점을 존중하면서도 그분에 대한 고유한 이해가 드러나도록 노력합니다.

또한 힌두교의 그 많은 신들도 하느님의 표상으로 볼 수 있습니다. 그 표상 너머에서만 신적인 것이 온전히 실현됩니다. 표상은 그 너머에 있는 신비를 가리킵니다. 우리는 힌두교 신자들과의 대화에서도 하느님에 대한 관점을 확장할 수 있습니다. 많은 표상은 우리가 하느님을 일방적으로 고정시켜 보아서는 안 되고 다양성 안에서 바라봐야 한다는 사실을 알려 줍니다.

우리는 그리스도인으로서 예수님께서 가장 순수하고 친근한 하느님 상을 선포하셨다고 믿습니다. 그렇기 때문에 우리는 다른 종교의 신의 모습과 거리를 둡니다. 하지만 그들의 것을 존중하면서 때로 하느님께 대한 좁은 시각을 확장하는 기회로 받아들임으로써 그분의 신비에 점점 더 부응하도록 합니다. 이처럼 다른 종교와의 대화에서 하느님의 모습을 더 잘 이해하게 됩니다. 그렇게 되면 지금껏 간과했던 측면이 예수님의 말씀으로 다시 열리게 될 것입니다.

그리스도교의 하느님과 그분께 대한 신앙이 다른 종교의 신 상보다 우월한가요?

그리스도인인 우리는 하느님에 대한 예수님의 말씀과, 그분에 대한 우리의 생각을 구분해야 합니다. 그러므로 우리가 다른 이들보다 우위에 있다고 생각해서는 안 됩니다. 예수님께서 말씀하신 하느님 상에 다가가려면 무엇보다 겸손해야 합니다. 하지만 우리의 하느님 상은 여러 종교 중에 유일무이합니다. 그렇다고 하느님에 대한 다른 개념을 부정하지 않습니다.

예수님께서는 당신의 말씀으로 모든 종교 안에 있는 신적 존재에 대한 갈망을 채워 주십니다. 또한 우리와 하나가 되고자 하시며 사랑과 자비의 하느님에 대한 갈망도 채워 주십니다. 이러한 갈망은 모든 종교에서 감지할 수 있습니다. 하지만 예수님께서 선포하신 하느님 상에서 유일하게 표현됩니다.

하느님과 나는 연결되어 있나요?

하느님께서는 인간과 무관하시거나 멀리 떨어져 계신 분이 아닙니다. 하느님께서는 사랑이십니다. 사랑이신 그분은 당신 자신을 전달하고자 하십니다. 그리고 우리와 함께 계시길 원하십니다. 그리고 우리 곁에 가까이 계시어 언제나 함께 걷고자 하시기에, 예수님을 통해 "내려오셨습니다." 하느님께서는 예수님을 통해서 우리에게 당신의 성령을 전달해 주셨고, 성령께서는 우리 안에 계십니다. 우리는 하느님과 내적으로 연결되어 있습니다. 그리고 하느님께서는 나뿐만 아니라, 다른 사람들과도 연결되어 계십니다.

이렇게 하느님에 대한 생각이 저를 다른 사람에 대한 생각으로 이끕니다. 왜냐하면 저는 하느님 앞에서 혼자가 아니기 때문입니다. 우리는 하느님 앞에 함께 있습니다. 괜히 "하늘에 계신 우리 아버지"라고 기도하는 것이 아닙니다. 하느님께 기도할 때 그분께서 우리 모두의 아버지이심을 상기합니다. 또한 그분을 바라보는 동시에 우리와 똑같이 하느님의 자녀인 인간들을 향합니다.

인간이 하느님의 통역자가 될 수 있나요?

하느님께서는 언제나 인간을 통해서 말씀하셨습니다. 구약 성경에 등장하는 예언자들이 여기에 해당합니다. 우리는 세례를 통해 모두 예언자로 기름부음받았습니다. 예언자는 미래를 예견하는 사람이 아니라 하느님을 통해서만 표현될 수 있는, 하느님에 관한 일을 전달하는 사람입니다. 그것이 예언자의 본모습입니다. 이러한 점에서 인간은 하느님의 통역자입니다. 그런 사람들은 하느님에 관한 것을 전해 줍니다. 또한 인간의 사랑에서 우리에 대한 하느님의 사랑을 감지할 수 있습니다. 예를 들면 영혼이 맑은 사람에게서 하느님의 모습을 발견하게 되는 것처럼 말이지요.

신학자이자 종교 철학자인 과르디니(Romano Guardini, 1885~1968년)는 "모든 인간은 하느님께서 바로 그 사람 안에서만 하시는 비밀

번호와 같은 유일회적 말씀"이라고 말했습니다. 저의 과제는 제 안에 있는 이 유일회적인 하느님의 말씀이 울려 퍼지게 하는 것입니다. 그렇게 된다면 저를 통해서 하느님에 관한 것들이 들리고 보일 수 있게 됩니다. 그렇게 저는 하느님의 통역자가 됩니다. 하지만 빈둥빈둥 지내면서 제 자신을 돌보지 않는다면 하느님의 소식을 곡해하는 통역자가 될 것입니다. 그러므로 저에게서 하느님의 소식을 들은 이들이 그분의 말씀을 체험할 수 있도록 하느님께서 제 안에 머무시도록 해야 합니다.

남자와 여자가 하느님께 다가가는 방식이나 하느님 상이 서로 다른가요?

　　남자와 여자가 하느님께 다가가는 방식은 다르며 각기 다른 하느님 상을 지닙니다. 이러한 사실을 역사가 보여 줍니다. 모권 중심의 문화에서는 하느님이 여성입니다. 그들에게 하느님께서는 할머니이자 모든 것을 생겨나게 하는 비옥한 대지입니다. 그와 반대로 유다교에서는 하느님이 남성적인 특성을 띱니다. 하느님께서는 당신 백성의 편에 서서 적들에게서 당신의 백성을 지키는 전사이십니다. 사람은 그분을 섬기고 그분의 계명을 지켜야 합니다. 하지만 유다교 안에도 다른 방식으로 하느님께 다가간 위대한 여성들이 있습니다. 모세의 누이인 미리암, 판관 드보라, 여전사 유딧, 드센 여인 타마르는 각자의 방식대로 하느님께 영광을 드렸습니다.

루카 복음사가는 남성을 주인공으로 한 비유를 제시한 뒤에는 여성이 중심인 비유를 자주 들었습니다. 예를 들면, 아기 예수님을 성전에 봉헌했을 때 그분을 만난 시메온의 이야기 다음으로 여예언자 한나가 나옵니다. 루카 복음사가는 예수님에 대해 올바로 말하려면 남성적 관점과 여성적 관점이 함께 필요하다고 확신했습니다. 그렇지 않다면 우리의 하느님 상은 일방적인 모습에서 벗어나지 못할 것입니다.

남성과 여성은 하느님께 다가가는 길이나 하느님 상에 대해 자주 논쟁을 벌입니다. 하지만 각각의 차이를 묘사하고 확인하는 것보다는 서로 각자가 지닌 고유한 직감을 신뢰하는 것이 중요합니다. 또한 자기 내면의 소리를 경청하고 자문해야 합니다. '어떠한 하느님 상이 내 안에서 나타나는가?', '하느님과의 관계를 나는 어떻게 이해하는가?'

흔히 남성들은 자신에게 무언가를 요구하시는 하느님을 만납니다. 그래서 그들은 영성을 주로 활동으로 표현합니다. 이와 반대로 여성들은 하느님을 모성적 관점에서 체험합니다. 그러기에 자신을 가득 채우는 큰 사랑, 널따란 품에 우리를 꼭 끌어안아 주시는 어머니로 느낍니다. 이처럼 여성들은 영성적인 활동보다는 하느님 체험을 우선적으로 여깁니다.

하느님께서는 시대마다 당신을 다르게 드러내시나요?

하느님께서 시대마다 당신을 다르게 드러내시는지, 아니면 우리의 하느님 상이 시대마다 변하는 것인지가 문제입니다. 분명 이 두 가지는 서로 연관되어 있습니다. 하느님께서는 당신 자신을 역사 안에서 세상의 창조주로 자주 드러내셨습니다. 그래서 창조 영성이 생겨났습니다. 또한 하느님께서는 이스라엘 백성을 보호하고 그들을 위해 싸우고 약속된 땅으로 이끄는 전사로 드러내셨습니다. 이스라엘 백성이 그분의 계명을 스스로 저버렸을 때는 벌하시는 하느님을 체험하기도 했습니다. 하지만 하느님께서는 예수님을 통해서 당신을 다시 새로운 방식으로 드러내셨습니다. 즉 인간에게 마음을 쓰시고 그들을 찾아오시며 당신의 은총을 선사하시는 자비로운 아버지로 드러내셨습니다.

루카 복음사가는 하느님께서는 시대마다 당신을 다르게 드러
낸다고 말합니다. 또한 그 역사 자체가 의미가 있으며, 역사의 여
러 사건을 통해 몸소 우리에게 말씀하신다고 확신합니다. 그래서
루카 복음사가는 우리에게 하느님의 활동을 보여 주고자 초대 교
회의 역사를 이야기합니다. 예수님께서는 복음에서 시대의 징표
(루카 12,56 참조)를 이해하라고 하십니다. 우리는 현 시대를 통해 그
분께서 무엇을 말씀하시는지, 전하고자 하는 소식은 무엇인지, 또
무엇을 요구하시는지 숙고해야 합니다.

세상의 실상을 보면서 하느님께서 전능하신 분이라고 말할 수 있나요?

테러리스트와 독재자가 난무한다는 뉴스를 볼 때마다, 하느님의 존재를 되묻는 이들이 있습니다. "하느님께서 전능하시다면, 테러리스트나 독재자 같은 존재는 없어야 하는 게 아닌가?"라고 생각하기도 합니다. 하지만 하느님께서는 그러지 않으십니다. 이럴 때, 우리는 오히려 무능한 하느님을 체험합니다.

이는 성경이 전하는 십자가의 메시지입니다. 하느님께서는 전능하시지만 당신의 아드님을 살인자들의 손에서 구해 내지 않으셨습니다. 그리스도인들에게 십자가는 하느님께서 나약한 인간이 되시어 몸소 우리와 함께 고통을 견디신다는 것을 상징합니다. 그분께서는 고통을 피하지 않고 마주하십니다. 그로써 당신의 전능함을 드러내 보이시며 고통을 내면에서 변화시키십니다.

하느님을 전능하신 분으로 생각하는 것은 철학적 개념의 방식입니다. 그래서 전능함은 흔히 철학적인 하느님 상에 속합니다. 얼핏 보면 신학도 이러한 철학적 하느님 상에 반대하지 않는 것 같습니다. 하지만 신학은 하느님께서는 이 전능함을 우리가 기대하는 것과는 완전히 다르게 드러내신다고 말합니다.

하느님께서는 사경을 헤매는 위독한 어린이를 죽음에서 구하지 않으십니다. 하지만 그 어린이와 함께 죽음의 길을 동행하고, 어린이를 영원한 생명으로 구원해 주십니다. 모든 어린이에게는 전능하신 하느님이 보호하는 가장 내밀한 핵심인 참된 자아가 있습니다. 이를 병이나 죽음이 좌지우지할 수 없습니다. 인간의 가장 내밀한 이 본질은 전능하신 하느님으로부터 보호를 받습니다. 이에 관해서 예수님께서는 당신 제자들에게 약속하시며 다음과 같이 말씀하십니다. "나는 그들에게 영원한 생명을 준다. 그리하여 그들은 영원토록 멸망하지 않을 것이고, 또 아무도 그들을 내 손에서 **빼앗아** 가지 못할 것이다."(요한 10,28)

그리스도교는 하느님 존재에 관한 질문에 답을 줄 수 있나요?

철학자들은 오랫동안 하느님, 즉 신에 대해 숙고했습니다. 하지만 철학자들의 신은 추상적인 신입니다. 신은 순수한 정신, 인간의 모든 말과 상상을 뛰어넘는 분, 순수한 선, 말로 표현할 수 없고 파악될 수 없는 분으로 묘사됩니다.

그와 반대로 종교는 여러 하느님 상을 보여 줍니다. 그리스도교는 구약 성경의 하느님을 기초로 삼고 있습니다. 구약의 하느님께서는 자비롭고 좋으신 분입니다. 하지만 질투하는 하느님으로서 당신 백성이 당신과 맺은 계약을 지키고, 당신의 계명을 충실히 따르는지를 살펴보십니다. 그분께서는 인간이 독단적으로 행동하거나 하느님께 관심을 갖지 않을 때 벌을 내리고 화를 내시는 것으로 나타나십니다.

하느님께서는 인간이 당신으로부터 벗어날 때 당신의 힘을 보여 주십니다. 이 과정에서 구약 성경은 하느님을 인간적인 모습으로 묘사합니다. 유다교 신학자들은 이러한 하느님의 모습을 이성을 지닌 우리가 어떻게 이해해야 하는지에 대해 답했습니다. 벌하시는 하느님의 모습을 인간의 차원으로 끌어내려서는 안 됩니다. 하느님께서는 당신 계명을 지키는지 엄밀히 지켜보다가 올바르지 않게 행동하는 모든 이를 벌하시는 엄격한 심판자가 아닙니다. 오히려 벌하시는 하느님의 모습을 통해 인간이 자신의 본성을 거슬러 죄를 범하고도 벌을 받지 않을 수 없음을 이야기합니다.

인간이 자신의 참된 본성과 일치하여 살아가지 않을 때 육신과 영혼은 그에 반응합니다. 벌하시는 하느님 상은 인간에게 자신의 본성에 맞갖게 살아가도록 충고합니다. 그렇지 않을 경우 자기 자신은 물론 다른 사람과의 공동생활에도 부정적인 결과가 따릅니다. 구약 성경에서 하느님께서는 인간이 올바로 살고 다른 이들과 사이좋게 함께 살아가기 위한 보증이십니다. 그러므로 하느님께서 이스라엘 백성에게 주신 십계명은 개인과 공동체의 삶이 성공하는 지혜의 길입니다.

예수님께서는 요한 복음서에서 당신과 아버지가 하나이며, 당신의 제자들도 당신과 아버지가 이루는 일치에 참여한다고 말씀하십니다. "그들이 모두 하나가 되게 해 주십시오. 아버지, 아버지께서 제 안에 계시고 제가 아버지 안에 있듯이, 그들도 우리 안에 있게 해 주십시오."(요한 17,21)

하느님의 본성이 예수님에게서 드러납니다. 예수님께서는 필립보에게 말씀하십니다. "나를 본 사람은 곧 아버지를 뵌 것이다."(요한 14,9) 그러므로 인간이신 예수님을 통해서 하느님을 체험할 수 있습니다. 예수님께서는 온전히 하느님과 하나이십니다. 때때로 하느님께서 멀리 계시며, 좀처럼 파악할 수 없는 분으로 다가올 때가 있습니다. 그때 예수님을 바라보게 되면 하느님의 본성이, 그분의 사랑과 선, 영광과 아름다움이 우리에게도 드러납니다.

예수님께서는 당신이 아버지와 하나라는 말씀과 함께 하느님께서 파견하시는 영에 대해 말씀하십니다. 그리스도교 신학자들은 이 말씀을 바탕으로 삼위일체 하느님에 대한 가르침을 발전시켰습니다. 삼위일체 하느님께서는 개방성과 공동체, 사랑의 관계입니다. 하느님께서는 그 자체로 사랑이시며 그 사랑 역시 그 자체로부터 인간과의 관계를 추구하십니다. 하느님께서는 당신의 영을 우리에게 부어 주십니다. 그리고 영을 통해 하느님께서 몸소 우리 안에 계십니다. 그러므로 하느님께서는 예수님을 통해서 우리에게 오실 뿐만 아니라, 당신께서도 우리 안에 살고자 하십니다. "누구든지 나를 사랑하면 내 말을 지킬 것이다. 그러면 내 아버지께서 그를 사랑하시고, 우리가 그에게 가서 그와 함께 살 것이다."(요한 14,23) 하느님께서는 우리 안에 사시지만, 그렇다고 우리 마음대로 할 수 있는 분이 아니십니다. 그분께서는 모든 상상과 생각 너머에 언제나 머물러 계십니다.

그리스도교 신학은 예수님의 가르침을 배경으로, 하느님과 인간을 분리하지 않고 서로 연결시켰습니다. 우리는 인간에 관해서 이야기하지 않으면서 하느님에 관해서 이야기할 수 없습니다. 그 반대로 하느님에 관해 이야기하지 않으면서 인간의 본질을 묘사할 수 없습니다. 왜냐하면 하느님과 인간은 서로 긴밀하게 연결되어 있기 때문입니다. 하지만 그리스도교 신학은 하느님과 인간을 서로 혼합시키지 않습니다. 451년에 개최된 칼케돈 공의회는 예수님 안에서 신성과 인성이 "분리되지 않고 혼합되지 않는다."라고 했습니다. 이 사실은 우리와 하느님의 관계에서도 유효합니다. 우리는 하느님과 결합되어 있지만 "분리되지도 혼합되지도" 않습니다.

즉, 우리는 온전히 인간으로 남습니다. 그럼에도 하느님께서는 우리와 결합되어 계십니다. 하느님께서는 우리 안에 사시고 우리의 가장 내밀한 중심이십니다. 하느님께서 우리 안에 사시면 우리의 인성이 변화되고, 그분이 우리 생각과 마음을 관통하시게 됩니다. 그러니 우리는 때때로 다른 이들에게 자신을 드러내 보여야 한다는 생각에서 벗어나야 합니다. 이렇게 될 때 우리는 참자기에 도달할 수 있게 됩니다. 하느님을 이야기하지 않으면서 자아에 관해서 이야기할 수 없습니다. 하느님께서는 참자기, 즉 원천적이며 순수한 당신의 모습을 닮은 우리와 가까워지길 원하시기 때문입니다.

기적이 있나요?

교회 학자인 아우구스티노 성인(Augustinus Hipponensis, 354~430년)은 땅이 열매를 내고 봄마다 대지와 나무가 다시 푸르러지는 것을 가장 큰 기적으로 여겼습니다. 성경은 이를 넘어서 예수님께서 일으키신 치유 기적, 오천 명을 먹이신 기적, 물 위를 걸으신 기적을 비롯한 다른 기적을 전해 줍니다. 성경을 비판적으로 바라보는 이들은 이러한 기적에 의문을 제기했습니다. 그럼에도 오늘날 신학자들은 예수님께서 병든 이들을 고쳐 주신 사건은 실제로 일어날 수 있는 기적이라는 점에서 일치된 의견을 보여 줍니다.

우리는 '기적'을 단순히 자연법칙에서 벗어난 일이라고만 생각해서는 안 됩니다. 예수님께서 병든 이들을 고쳐 주시는 기적에서 심리학적인 면도 발견할 수 있기 때문입니다. 예수님께서는 분명히 치유력을 지닌 강력한 기운을 지니셨기 때문에 사람들에게 강렬한 변화를 일으키셨을 것입니다.

오늘날 의학에서도 이러한 치유 기적을 인정할 수 있습니다. 종양이나 암세포가 사라지거나 자연적으로 치유된 사례가 있습니다. 의학이 그 원인을 설명할 수 없지만 그것이 가능하다는 것을 확인해 줍니다. 그렇기 때문에 우리는 이를 기적이라 일컬을 수 있습니다. 이렇게 의학적, 자연 과학적으로 설명할 수 없는 것만이 기적은 아닙니다. 사실 모든 치유가 기적입니다. 그 과정에서 의사는 자신의 의술과 기술로 적극 협력합니다. 하지만 병의 치유는 의사와 그의 의술에만 달려 있는 것이 아닙니다. 치유는 기적입니다. 병의 치유를 경험한 신앙인들은 기적을 일으키신 하느님을 떠올립니다. 그리고 그들은 성공적인 치유에 대해 하느님께 감사를 드립니다.

오늘날 우리는 예전에는 거들떠보지 않았던 설명하기 힘든 현상에 다시 주의를 기울입니다. 예를 들어 인도 고행 수행자들이 우리의 이성을 뛰어넘는 신비한 능력을 보여 주기도 합니다. 아시시의 프란치스코 성인(San Francesco d'Assisi, 1181~1226년) 역시도 구비오의 늑대를 온순하게 변화하고 길들이기도 하였습니다. 이처럼 마치 전설처럼 여겼던 것을 가능한 일이라 생각할 수도 있습니다.

하지만 기적을 하느님 존재에 대한 증거로 받아들여서는 안 됩니다. 이미 성경에서 분명히 드러나듯 기적은 우리의 신앙을 강하게 합니다. 하지만 예수님 시대의 사람들은 그분의 기적을 보고서도 믿지 않았습니다. 오히려 그들은 예수님께서 마귀인 베엘제불의 힘으로 기적을 일으킨다고 비난했습니다. 이처럼 사람들은 기적을 거부하는 논거를 언제든지 제시할 수 있습니다. 그럼에도 우리는 치유 기적과 자연에서 조우하는 기적을 보며 경탄합니다.

세상의 혼란이 한 분이신 하느님을 부정하지 않나요?

사람들은 혼란스러운 세상을 보면서 전능하고 선하신 하느님을 부정하기도 합니다. 하느님께서 전능하시다면 세상의 혼란도 정리하실 수 있는 분이셔야 하기 때문입니다. 그분께서 우리에게 자비롭고 선하신 분이시라면 우리를 그 혼란에서 보호해 주셔야 할 것입니다. 하지만 하느님께서는 분명 그렇게 하시지 않습니다.

우리가 생각하는 하느님 상은 철학이 발전시킨 온전한 선이자 순수한 사랑이신 모습에서 시작합니다. 하지만 이러한 생각은 추상적입니다. 이러한 하느님 상은 우리가 사는 세상과 연결되지 않습니다. 신학은 본래 우리가 보고 관찰할 수 있는 것의 해석을 의미합니다. 예수님의 수난과 죽음, 부활이라는 예수님의 생애를 다룰 때에도 마찬가지입니다. 우리는 일어난 일을 나중에 해석하며 이해하려고 시도합니다.

　이와 마찬가지로 세상에서 일어나는 일들도 그렇게 다루어야 합니다. 우리는 모든 불의와 자연재해, 많은 전쟁과 분쟁을 있는 그대로 인지한 다음에 그것을 이해하려고 합니다. 그중 일부는 인간의 악을 통해 설명할 수 있습니다. 탐욕이나 공포로 전쟁을 일으키며 테러를 확산시키는 것이 인간입니다. 우리 세상이 이렇게 혼란스러운 것은 인간의 잘못 때문입니다. 그렇다면 하느님께서는 많은 불의를 저지르는 인간을 왜 말리지 않으셨을까요? 자연재해는 또 어떻게 보아야 할까요? 물론 자연재해도 인간의 잘못으로 발생되기도 하지만 인간이 관여하지 않은 자연재해도 일어나며 그것은 오래전부터 있었습니다. 여기서 우리는 자연에 대한 생각을 바꿔야 합니다. 자연도 잔인할 수 있습니다. 물이 들판을 비옥하게도 하지만, 수년 간 많은 홍수가 일어난 것처럼 파괴적인 힘을 보여 주기도 합니다.

　왜 하느님께서는 늘 재해가 일어나는 혼란스러운 세상을 만드셨을까요? 지구의 역사에는 대화재의 발생, 공룡의 멸종 등 다양한 많은 사건이 있었습니다. 이러한 사건의 원인인 지질학적 연관성을 연구할 수도 있습니다. 하지만 이 모든 것이 왜 일어났는지 완벽하게 이해하기란 어렵습니다. 우리는 먼저 사실을 보고 진지하게 수용해야 합니다. 그다음에 신학적 해석을 내놓을 수 있습니다. 그리고 신학적 해석은 우리가 하느님을 정말로 알지는 못한다는 사실을 보여 줍니다. 하느님께서는 우리의 지식을 벗어나십니다. 그러므로 우리는 세상의 혼란 때문에 하느님의 존재를 부정하는 것이 아니라 우리가 만든 하느님 상과 부합하지 않기 때문에 부정하는 것입니다.

우리가 자연재해를 마주할 때마다 한 분이신 하느님을 어떻게 생각해야 하는지를 질문해야 합니다. 이것은 이에 대해 만족할 만한 답을 결코 얻을 수 없으면서도 끊임없이 제기해야 할 문제입니다. 카를 라너는 혼란스러운 세계와 계속 마주할 지라도 모든 존재의 최종적 근거는 사랑이신 하느님이라고 말했습니다. 요한의 첫째 서간이 그와 같은 사실을 알려 줍니다. "하느님께서는 사랑이십니다. 사랑 안에 머무르는 사람은 하느님 안에 머무르고 하느님께서도 그 사람 안에 머무십니다."(1요한 4,16)

그리스도인도 과학적 사고를 따를 수 있나요?

많은 과학자들은 자신의 활동을 하느님에 대한 신앙과 연결시켰습니다. 20세기 가장 뛰어난 독일의 물리학자인 하이젠베르크(Werner Heisenberg, 1901~1976년)는 이렇게 말했습니다. "자연 과학이라는 잔의 첫 모금은 무신론적으로 만들지만 잔의 밑바닥에는 하느님이 드러난다." 하이젠베르크는 학문을 연구하면서도 그의 삶의 원동력이었던 신앙을 부인하지 않았습니다. 오히려 양자 물리학은 일부 신앙의 가르침을 다시금 강화시켰습니다. 양자 물리학은 우리의 사고가 물질에 분명히 영향을 미칠 수 있다는 사실을 보여 줍니다. 또한 우리의 기도가 무의미하지 않다는 사실도 말해 줍니다. 우리의 기도는 분명 물질에까지도 치유력을 발휘할 수 있습니다. 중요한 것은 신앙이 학문의 영역을 제한하지 않으며, 우리가 연구할 수 있는 것을 연구해야 한다는 것입니다. 그리고 연구 결과를 해석할 때 신앙도 의견을 밝혀야 합니다. 신앙이 연구 결과를 의심하거나 수정해서는 안 됩니다.

신앙의 과제는 우리가 과학적으로 파악할 수 있는 모든 것의 배경을 밝히는 것입니다. 물리학자인 한스 페터 뒤르(Hans-Peter Dürr, 1929~2014년)는 물리학을 '어떻게'의 학문이라고 말했습니다. 물리학은 모든 것이 어떻게 움직이는지를 연구합니다. 하지만 그것이 무엇인지는 묻지 않습니다. 그는 "누군가가 정말로 '그것이 무엇인지'를 묻는다면 그는 자연 과학을 포기해야 합니다. 왜냐하면 하느님께서는 수학자가 아니시기 때문입니다."라고 말했습니다.

인간과 무관한 악이 존재하나요?
악마는 실제로 존재하나요?

예로부터 악에 대한 문제는 사람들의 마음을 사로잡았습니다. 종교는 그에 대해 다양한 답을 내놓습니다. 일부는 선한 하느님과 악의 원인인 어두운 하느님을 구분하기도 합니다. 구약 성경은 악의 신비를 아담과 하와가 지은 죄로 설명합니다(창세 3장 참조). 하느님께서는 인간을 선하게 창조하셨습니다. 그렇다면 악이 어떻게 세상에 들어왔을까요?

구약 성경에서는 아담과 하와에게 하느님의 명령을 어기도록 유혹한 뱀이 악의 표상이 됩니다. 하지만 왜 하느님께서는 뱀을 창조하셨을까요? 신학자들은 아담과 하와 이야기를 다음과 같이 설명합니다. 인간의 원초적인 유혹은 하느님과 같아지고자 하는 것입니다. 하지만 인간은 자신이 하느님의 피조물이며, 스스로를 절대적으로 지배할 수 없음을 체험합니다. 인간이 유혹에 넘어가면 질서를 거스르는 것이고 이를 통해서 악이 발생합니다. 왜냐하면 인간이 다른 사람 위에 군림하면서 악하게 행동하기 때문입니다.

이것은 악이 왜 존재하는지에 대한 여러 설명 가운데 하나입니다. 또 다른 설명은 악마가 악의 창시자라는 것입니다. 그렇다면 악마는 무엇일까요? 구약 성경의 욥기에서 사탄은 하느님 어전을 들락날락하는 심부름꾼으로 등장합니다. 심지어 사탄은 욥의 신앙을 시험할 수 있도록 하느님의 승낙을 얻어 냅니다. 여기에서 욥이 당하는 악은 그가 하느님을 진정 경외하는지 아니면 부유하게 잘살기 위해 그분을 이용한 것이지를 시험하는 도구입니다. 하지만 이 해명도 정말로 만족할 만한 답을 주지 않습니다.

그리스도교 전통에서는 악마를 "타락한 천사"라고 이야기합니다. 여기에서 루치펠Lucifer은 원래 천사 중에 뛰어난 존재였으나 하느님처럼 되고자 하는 유혹에 빠졌습니다.

악마 문제에 답하기 전에 그리스도교 신학이 악마를 무엇으로 이해하는지 살펴보아야 합니다. 그리스도교 신학에 따르면 악마는 창조된 영적 존재이며 인격화된 힘입니다. 이는 악마가 절대적으로 여길 수 있는 인격이 아니라는 뜻입니다. 악마는 오히려 인간의 인격적 존재에 해를 끼치는 경험 가능한 힘입니다. 심리학적으로는 악마를 악의 심층적 차원의 표상이라고 설명합니다. 악은 악이 특별한 존재가 아니라 그저 부정적 사고에 불과하다고 말하는 것 또한 악을 단순화하고 하찮게 여기는 태도입니다. 악은 자주 소용돌이와 같은 힘으로 다가옵니다. 하지만 악은 자립적인 세력이 아니라 인간 안에서 무의식적인 과정을 통해 생겨납니다.

일부 악은 심리학적으로 설명할 수 있습니다. 가톨릭 심리 분석가인 알베르트 괴레스(Albert Görres 1918~1996년)는 "악은 과거의 빚을 당사자가 아닌 제삼자에게 청산하는 일"이라고 말했습니다. 예를 들어 내가 어떤 이에게 악을 행함으로써 나에게 큰 상처를 준 아버지에 대한 빚을 청산한다는 것입니다.

하지만 악을 단순히 옛 상처에 대한 반응으로만 보는 것은 충분하지 않습니다. 악은 우리 안에 걷잡을 수 없는 소용돌이를 일으키기도 합니다. 그래서 우리는 다른 이에게 상처를 주도록 내몰리면서도 이 가학적인 환상이 어디에서 들어오는지 알지 못합니다. 하지만 우리는 감지할 수 있습니다. 그렇기 때문에 악의 결정을 따르지 않으려면 예수님의 영으로 채워져야 합니다. 그러면 복수와 비방, 모욕의 상징인 악이 우리를 사로잡아도 오로지 그분의 영으로 행동하게 될 것입니다.

하느님께서는 사랑이신가요?

요한의 첫째 서간은 하느님을 사랑으로 정의합니다. "하느님께서는 사랑이십니다. 사랑 안에 머무르는 사람은 하느님 안에 머무르고 하느님께서도 그 사람 안에 머무르십니다."(1요한 4,16) 하지만 여기서 사랑이 무엇을 의미하는지가 문제입니다. 그리스 철학은 사랑을 분리된 것을 서로 연결시키는 힘, 우리 인간을 변화시키는 능력으로 이해했습니다. 그리스 철학은 사랑에 대해 다음의 세 단어를 사용합니다.

첫째, 에로스는 우리가 사랑에 빠지면 우리 안에 일어나는, 즉 우리를 다른 사람과 결합시키거나 열정적으로 무언가를 탐구하게 하는 갈망하는 사랑입니다.

둘째, 필리아는 친구들 사이의 사랑입니다. 타인을 있는 그대로 받아들이는 것이지요. 고대 그리스 철학자인 플라톤은 이러한 친구의 사랑이 선한 사람들 사이에만 있다고 보았습니다. 친구의 사랑은 타인에게 아무것도 요구하지 않고, 사랑하기 때문에 사랑할 따름입니다.

셋째, 아가페는 우주를 관통하는 순수한 사랑입니다. 아가페는 인간 영혼의 토대에 흐르며, 인간의 사랑을 길어 올리는 원천으로서의 사랑입니다.

요한의 첫째 서간은 하느님께서는 아가페, 즉 순수한 사랑이시라고 말합니다. 하지만 아버지나 어머니의 사랑으로 이해하면 안 됩니다. 만약 이렇게 이해하면 우리는 어린아이의 죽음을 받아들일 수 없을 것입니다. 왜냐하면 부모는 자녀가 해를 입는 것을 원치 않기 때문이지요. 하지만 앞에서도 말했듯이 하느님께서는 인간이 겪는 고통을 없애 주시는 분은 아닙니다. 고통을 피하지 않고 받아들일 수 있도록 도우실 뿐입니다. 우리가 하느님을 사랑이라고 지칭할 때, 카를 라너가 말하는 것처럼 우리의 구체적인 상상을 뛰어넘고, 파악할 수 없는 사랑을 이야기한다는 사실을 항상 염두에 두어야 합니다.

인간은 대부분 관계를 염두에 두고 사랑에 관하여 이야기합니다. 우리는 타인을 사랑하고 그로부터 사랑받기를 갈망합니다. 때로 이 갈망이 충족될 수도 있지만, 그러지 못하면 실망하기도 합니다. 또한 이것을 넘어서 우리 자신이 사랑이라는 사실도 체험합니다.

어느 한 사람이 제게 자신의 체험담을 들려준 일이 떠오릅니다. 그가 묵상에 잠겨 있을 때 어느 순간 자신이 사랑이라고 느끼게 되었다고 합니다. 그리고 하느님의 사랑이 그의 방과 화초, 고양이, 그 순간 떠오른 모든 이에게 흘러갔습니다. 샘솟듯 흘러나오는 무한한 사랑이었던 것이지요. 아마도 이와 같이 흘러나와 모든 것을 변화시키는 것이 사랑의 본질일 것입니다. 사랑은 모든 이에게 편안한 '맛'을 줍니다. 요한 복음사가는 카나의 혼인잔치에서 예수님께서 물을 포도주로 변화시키셨듯이 사랑이 우리의 김빠진 삶을 변화시킨다는 것을 표현합니다. 사랑은 우리 삶을 달콤하고 편안하게 하며, 삶에 황홀한 맛을 전합니다.

이러한 의미에서 하느님을 전 우주를 채우는 사랑으로 생각할 수 있습니다. 이 사실을 믿는다면 우리는 주변을 다르게 체험할 수 있으며, 자연 경관의 아름다움으로부터 사랑이 흘러나오며 꽃과 나무에 담긴 사랑을 발견하게 될 것입니다.

하느님께서는 마르지 않는 샘처럼 끊임없이 우리에게 흘러 들어오는 사랑이십니다. 우리는 누군가를 사랑할 때, 그로부터 충분히 사랑받고 싶은 욕구를 느낍니다. 그러하지 못할 때는 상처받고 실망도 하지요. 하지만 이런 감정을 뛰어넘어 영혼의 바닥에 도달하면 그 누구도 앗아 갈 수 없는 진정한 사랑을 발견합니다. 이는 끊임없이 흐르며, 마르지 않는 샘입니다. 이를 깨닫는다면 결코 외롭거나 고독하다고 느끼지 않게 됩니다.

이처럼 우리 안에서 샘솟는 사랑이 우리를 먹여 살리고 풍요롭게 채워 줍니다. 여유롭게 포도주 한 모금을 마시면서 그 편안함을 즐길 때처럼, 그 샘은 우리를 먹이고 풍요롭게 채워 줍니다.

하느님께서 악하실 수 있나요?
그분께서는 우리를 벌하시나요?

 철학과 신학에서는 하느님께서는 절대적 선이시기에 악하실 수 없으며, 악은 하느님과 반대된다고 말합니다. 하지만 인간의 이해와 생각을 뛰어넘은 어두운 하느님의 모습도 이야기합니다. 지진 해일과 같은 자연재해나 갑자기 닥친 불행과 맞닥트릴 때는 하느님이 악한 분으로 느껴지기도 합니다. 그래서 그분을 원망하고 비난하지요. 하지만 이는 주관적인 의견일 뿐입니다. 그분은 결코 악하실 수 없기 때문입니다.

 성경은 인간을 벌하시는 하느님을 이야기합니다. 하지만 이 역시 우리의 인간적인 본성과 창조된 세계를 거슬러 행동하고도 벌을 받지 않을 수 없다는 것에 대한 표상입니다. 여기에서도 주관적인 하느님 체험이 더 강조됩니다. 예를 들면 추운 데도 옷을 따

뜻하게 입지 않아서 독감에 걸렸다면, 이는 나의 태도가 불러일으킨 벌로 여기게 됩니다. 하지만 우리가 설명할 수 없는 차원의 것이 있으니, 모든 병이 내가 잘못했기에 받은 벌이라 생각하면 안 됩니다.

일부 신학자들은 한 민족에게 닥치는 불행을 하느님의 벌이라고 해석합니다. 하지만 이는 하느님을 독선적이고 벌하는 분으로 해석할 여지가 있습니다. 그러므로 어떤 사건을 하느님의 벌로 해석하는 것은 조심스럽게 접근해야 합니다. 벌은 우리가 우리 존재에 맞갖게 살아야 한다는 사실을 상기시켜 줍니다. 그렇지 않다면 부정적 반응이 태도로 나타날 수도 있습니다. 하지만 이러한 반응이 자동적으로 일어나지는 않습니다. 시편 저자는 악한 자는 잘 지내고 경건한 사람은 그와 반대로 못 지낸다고 탄식합니다. 이러한 탄식에는 하느님께서 언젠가는 이 형편을 다시 바로잡아 주실 것이라는 희망을 드러냅니다. 악인은 언젠가 멸망하고 의로운 이는 평화로이 살 것이라는 희망 말이지요.

삼위일체이신 하느님을 오늘날 내가 어떻게 이해할 수 있을까요? 이것이 나에게 어떤 의미가 있나요?

그리스도인들은 한 분이자 유일하신 하느님을 믿습니다. 동시에 하느님께서 삼위일체이시라고 고백합니다. 이는 하느님께서 우리를 세 가지 방식으로 다양하게 만나신다는 말입니다. 하느님께서는 온 세상과 사람을 창조하신 창조주이시며 우리는 그분의 힘으로 존재합니다. 예수 그리스도께서는 온전히 새로운 방식으로 하느님을 가르쳐 주셨습니다. 그래서 우리는 그분을 통해 하느님과 만나고 체험합니다. 또한 그분을 우리 안에 계신 성령으로서 만나기도 합니다.

초기 교회의 신학자들은 삼위일체 하느님의 신비를 어떻게 이해할 수 있는지 밝히려고 오랫동안 분투했습니다. 그 이후 모든 시대의 신학자들도 이를 밝히기 위해 계속 노력했습니다. 확실한 것은 그리스도인들이 오직 한 분이시고 유일하신 하느님을 믿는다는 사실입니다. 하지만 삼위일체 하느님께서는 우리에게 열려 계십니다. 예수 그리스도 안에서 우리에게 가까이 오시며, 성령 안에서 우리 자신보다도 더 우리에게 가까이 계십니다. 12세기 이슬람 신비주의자인 루미는 "하느님께서 우리 목에 있는 동맥(경동맥)보다 더 가까이 계신다."라고 말했습니다. 그리스도인들은 이 내용을 성령으로 표현할 수 있을 것입니다. 하느님께서는 성령으로서 우리 안에 계십니다. 성령이신 하느님께서는 우리 자신보다 더 우리와 가까이 계십니다. 왜냐하면 우리는 나 자신과 자주 소원해지기 때문입니다. 성령께서는 당신을 통해 나 자신과 일치되고, 참자아와 만날 수 있도록 해 주십니다.

　초세기 그리스 교부들은 우리가 하느님의 본모습을 알 수 없다고 했습니다. 하느님께서는 우리가 지닐 수 있는 모든 개념과 표상 너머에 계십니다. 그리스 교부들은 이 사실을 세 가지 방식으로 묘사했습니다. 그러한 방식을 라틴 교부들도 따랐습니다. 라틴 교부 중 한 사람인 마리우스 빅토리누스(Marius Victorinus, 290~364년)는 전통적인 철학 교육을 받은 로마의 수사학자였습니다. 그는 신플라톤주의자로서 모든 것이 그에 기초하는 세 가지 원리라는 신플라톤주의의 가르침을 삼위일체 하느님의 표상으로 수용했습니다. 그는 이 세 가지 원리가 인간 영혼에 '존재esse', '생명vivere', '지성intellegere'으로 각인되어 있다고 보았습니다. 마리우스 빅토리누스는 이 세 가지 원리를 삼위일체 하느님께 연결시킵니다. 성부는 존재에 해당합니다. 하느님께서는 '순수한 존재'이십니다. 성자는 생생함과 충만함을 말하는 '피어나는 생명'을 의미합니다. 성령은 '이해'입니다. 성부는 모든 존재의 원천이십니다. 그분에게서 생명(성자)이 흘러나와 우리와 동행하고 튼튼하게 하십니다. 성령은 이해를 통해 우리를 다시 하느님께로 이끄십니다. 하느님께서는 한 인간이 자신의 길을 올바로 갈 수 있도록 친히 당신 아드님을 파견하셨습니다. 그래서 나 자신과 하느님을 이해할 수 있도록 성령도 파견해 주셨습니다. 성부로부터 발하시는 성령께서는 우리를 다시 하느님 안으로 이끄십니다. 성령께서는 우리를 원천이신 성부와 연결시키십니다.

우리는 이 세 원리를 우리 자신에게도 적용할 수 있습니다. 우리가 그저 순수한 존재라면 하느님을 아버지로 온전히 체험합니다. 이럴 때는 무언가를 입증하거나 명확한 이유를 댈 필요도 없습니다. 그저 한 사람을 해방시키는 체험이 되는 것이지요. 마리우스 빅토리누스는 이 체험에서 성부의 신비가 과연 무엇인지를 예감할 수 있다고 말합니다. 그것은 순수한 존재입니다.

우리 마음이 한 생명이 피어나듯 생생하다면 하느님을 우리를 일으켜 세우시는 성자로 체험할 수 있습니다. 이 생생함에서 우리는 성자 예수님을 만나고 그분께서 내 안에 계심을 느낍니다. 그리고 나 자신을 온전히 이해한다면 하느님을 성령으로 체험할 수 있습니다. 그리고 그 성령께서 우리 안에서 활동하십니다. 어느 날 갑자기 모든 것이 명확해지는 순간이 있습니다. 그때 내 영혼의 밑바닥을 들여다보며 내 안에 계신 성령을 명료하게 바라봅시다. 그러면 성령께서는 내 자신을 더 잘 이해할 수 있도록 이끌어 주실 것입니다.

이와 같이 삼위일체 하느님의 모습은 항상 우리 인간을 위한 표상입니다. 이 표상은 인간이 어떻게 하느님에게서 오고(성부), 하느님께서 몸소 인간에게 다가오시고(성자), 모든 존재의 근원을 명확하게 이해하는(성령) 한 인간의 삶에 대한 묘사이기도 합니다. 이는 우리를 하느님의 신비로 인도하는 구원의 표징입니다.

성령에 관한 은사는 무엇을 의미하나요?
성령께서는 내 안에서도 활동하시나요?

성령께서는 하느님께서 우리에게 선사하시는 은사입니다. 이것은 외적인 은사가 아닙니다. 하느님께서는 성령 안에서 당신 자신을 우리에게 선사하십니다. 성령께서는 하느님께서 우리 안에 계시는 방식입니다. 바오로 사도는 로마 신자들에게 보낸 서간에 다음과 같이 썼습니다. "우리가 받은 성령을 통하여 하느님의 사랑이 우리 마음에 부어졌기 때문입니다."(로마 5,5)

이 말씀처럼 바오로 사도는 성령을 사랑과 동일시합니다. 우리가 느끼는 이 사랑은 다른 사람에게서 일깨워지는 단순한 감정이 아닙니다. 솟아오르는 샘처럼 우리 마음을 끊임없이 채우고 변화시켜 사랑할 수 있는 능력을 갖게 하기 때문입니다.

그리스도교 전통은 성령에 관한 많은 표상을 발전시켰습니다.

우리는 성령을 표상으로 말할 수 있습니다. 성령께서는 우리를 생기 있게 하고 영감을 불어넣어 주시는 분이며 언제든지 길어 올릴 수 있는 '마르지 않는 샘'이십니다. 또한 우리 안에서 타오르며 우리 영혼을 생생하게 유지해 주시는 분입니다. 우리 안에 묶어 있는 것을 날리는 '세찬 바람'이기도 하십니다.

성령께서는 우리 안에 식지 않는 '강렬한 빛'으로 당신을 드러내십니다. 요한 복음사가가 언급했듯이 우리가 무엇을 말해야 할지 알지 못할 때 일러 주시는 '보호자'이기도 하십니다(요한 14,26 참조). 그분께서는 우리를 진리로 인도하고 예수님의 말씀을 이해하도록 해 주십니다.

제2장

예수님

내 삶의 이정표가 되시는 분

예수님께서는 역사적 인물인가요?
그렇다면 어떻게 계속 살아 계시며 우리 안에서
활동하시나요?

스위스의 심리학자인 융(C. G. Jung, 1875~1961년)은 예수님을 역사적 인물로 여깁니다. 하지만 그는 예수님을 인간의 참된 자유를 위한 원형Archetype이 되셨다고 말합니다. 그래서 예수님께서는 여전히 우리 안에서 원형으로 활동하십니다. 이 원형은 우리에게 영향을 끼칩니다. 우리를 중심과 접하게 하고, 중심에 놓도록 합니다. 융은 자아의 원형으로서 예수님께서 자기실현 내지, 융의 표현대로라면 개성화Individuation*를 염원하는 많은 이의 갈망을 채

---

* 자기 속에서 전체화가 어떻게 이루어지는지를 설명하기 위해 융이 사용한 개념으로, 하나의 전일성을 지닌 본래의 자기가 되는 것이다. 그의 이론에서 개성은 우리의 가장 내적이고 궁극적이면서 다른 것과 비길 수 없는 유일무이한 고유성을 뜻한다. — 편집자 주

워 준다고 말합니다.

성경에서는 예수님의 지속적인 활동을 융과는 다르게 묘사합니다. 성경은 예수님께서 한 인간이었을 뿐만 아니라 하느님의 아드님이시라고 말합니다. 우리가 이를 어떻게 이해해야 하는지 이미 초기 교회의 신학자들은 서로 논쟁하고 씨름했습니다. 이는 아마도 계속 신비로 남을 것입니다. 우리는 예수님 안에서 하느님을 만납니다. 그래서 예수님께 기도할 수 있습니다. 이때 예수님께서 하느님 안에 계신다는 것을 의식합니다. 예수님께서는 당신 자신에 대해서 "아버지와 나는 하나다."(요한 10,30)라고 말씀하셨습니다.

루카 복음사가는 예수님을 성부 오른편에 앉으시고 우리를 변호하시는 분으로 묘사합니다. "하느님께서는 그분을 영도자와 구원자로 삼아 당신의 오른쪽에 들어 올리시어, 이스라엘이 회개하고 죄를 용서받게 하셨습니다."(사도 5,31) 이와 같이 예수님께서는 우리 편이 되십니다. 우리는 기도 안에서 성부 앞에서 우리의 변호자로 나서시는 예수님을 향할 수 있습니다.

여러 복음서에서 우리는 예수님과 제자들의 특별한 관계를 읽을 수 있습니다. 그것은 사제지간을 넘어섭니다. 예수님께서는 요한 복음서에서 이 사실을 포도나무의 비유로 말씀하십니다. "나는 포도나무요 너희는 가지다. 내 안에 머무르고 나도 그 안에 머무르는 사람은 많은 열매를 맺는다. 너희는 나 없이 아무것도 하지 못한다."(요한 15,5)

우리는 이와 같이 예수님께서 우리 안에 계시다는 것을 표상으로만 이해하고 설명할 수 있습니다. 이것은 심리적으로도 해석됩니다. 많은 일을 하지만 실제로는 아무런 결과를 내지 못하는 사람이 있습니다. 왜냐하면 그들은 이기적인 자아Ego로부터만 이를 행하기 때문입니다. 그들은 일로써 남의 눈에 띄고자 합니다. 하지만 이러한 빛은 금세 없어집니다. 이와 달리 자신의 내면에서 우러나오는 마음으로 일을 하면 그것은 축복입니다. 다르게 표현하면 그리스도에게서, 즉 나의 내면의 원천으로부터 일을 하는 것입니다. 이는 또한 그리스도의 영이 나를 관통하는 것을 의미합니다.

어떤 강연자가 내면에서 우러나오는 진실된 말보다는 자기를 드러내는 말이나 이기적인 자아에서 비롯되는 말로 현혹한다면, 청중들은 분노하거나 반대로 경탄하기도 합니다. 여기서 경탄은 성숙함의 표지가 아니라 종속의 표지입니다. 일부 사람들이 어떤 영성가나 종교인을 맹목적으로 추종하거나 그에게 종속되는 것도 이와 마찬가지입니다. 하지만 예수님의 영을 지닌 이는 타인을 가르치려 하지 않습니다. 오로지 그들 영혼의 지혜로움을 깨달을 수 있도록 일깨워 줄 뿐입니다.

그러므로 예수님께서는 이런 사람들 안에서 활동하십니다. 예수님의 영은 모두에게 선사되었지만, 그 영이 계속 머무르시게 하는 것은 우리 각자에게 달렸습니다. 예수님께 나 자신을 열어 보인다면 그분께서는 우리 안에서 끊임없이 활동하실 것입니다.

2천 년 이전에 예수님께서 걸어가신 수난의 길과
그분의 생애가 나에게 어떤 의미가 있나요?

    융은 예수님께서 우리의 참자기의 원형이라고 말합니다. 특히 그분의 탄생과 세례, 유혹, 공생활의 시작, 변모, 수난과 죽음, 부활 등 그분의 삶도 우리 인생길의 원형이라고 할 수 있습니다. 우리는 예수님에게서 인생길뿐만 아니라, 우리 자신을 새롭게 발견할 수 있습니다. 예수님께서 사람들에게 거부당하고 모욕을 받으신 것처럼 우리도 이런 것을 체험합니다. 그러므로 우리는 예수님을 통해 인생길을 바라보게 됩니다. 동시에 사람들에게 받은 상처를 예수님께서 어떻게 대응하시는지 살펴보면서 삶의 해답을 얻기도 합니다.

    한 가지 예를 들겠습니다. 요한 복음서에서 예수님께서 가신 수난의 길은 다른 복음서에서와 비슷하게 묘사됩니다. 하지만 요한 복음서의 예수님께서는 수난 가운데 흔들림 없이 침착한 인간의 모습을 보여 주십니다. 고통도 그분의 기를 꺾을 수 없습니다. 그분께서는 의연한 임금처럼 그 모든 것을 겪어 내십니다. 예수님께서 수난을 받으시면서도 어떻게 이처럼 반응하시는지를 그분께서 빌라도에게 하신 대답에서 볼 수 있습니다. "내 나라는 이 세상에 속하지 않는다."(요한 18,36)

저는 가끔 연수 참가자들과 함께 다음과 같은 훈련을 합니다. 먼저 "내 나라는 이 세상에 속하지 않는다."라는 성경 말씀으로 상처를 받고 모욕을 당하고 무시당하는 모든 상황과 병고의 상황을 훑어봅니다. 내 나라는 이 세상에 속하지 않는다고 생각하면 고통과 질병, 타인에게 받은 상처가 내 안의 어느 부분도 건드리지 못한다는 것을 느낍니다. 그것은 내 안에 그리스도께서 계시는 것과 같습니다. 이 세상에 속하지 않는 나라인 것이지요. 세상도 이에 대해 어떠한 힘도 발휘하지 못합니다. 이와 같이 빌라도에 대한 예수님의 반응을 묵상하는 것은 나의 길을 새로이 가는 데에 도움을 줍니다. 고통과 질병을 못 본 체하는 것이 아닙니다. 오히려 누구도 나를 마음대로 할 수 없으며, 상처 주거나 해칠 수 없는 영역이 내 안에 있음을 보여 주는 것입니다.

때로 예수님을 바라보며 사람들을 대하는 태도가 달라지기도

합니다. 예수님께서는 세리인 자캐오를 단죄하지 않으시고 바라보심으로써 그를 변화시키셨고(루카 19,1-10 참조), 간음한 여인을 단죄하지 않으시고 새 출발의 기회를 주셨습니다(요한 8,1-11 참조). 예수님의 이러한 태도는 우리에게 영향을 끼칩니다.

　그분처럼 사람들 마음에 심어진 선한 씨앗을 신뢰하며, 그들에 대한 태도를 결정하는 것은 분명 가치 있습니다. 이처럼 예수님의 모습은 우리에게 크나큰 영향을 미칠 뿐만 아니라 삶에 대해 끊임없이 의문을 던지게 합니다.

예수님의 십자가상 죽음과 부활이 나에게 어떠한 영향을
주나요? 이것은 나에게 좋은 소식인가요?

　　많은 이가 십자가에 달리신 그리스도를 바라보는 것을 힘겨워
하고 견딜 수 없다고 말합니다. 하지만 십자가와 부활은 기쁜 소
식입니다. 이 소식은 내 삶에서 변화되지 못하는 것은 없다고 말
합니다. 하느님의 참혹한 죽음조차 부활로 변화되니, 어두움도 빛
으로 밝혀질 수 있습니다. 또한 실패가 새로운 시작이 될 수도 있
습니다. 풀릴 수 없는 경직은 없으며, 죽음 또한 새로운 생명으로
나아갈 수 있습니다. 그러므로 십자가와 부활은 희망을 상징합니
다. 그럼에도 우리는 예수님께서 십자가에서 돌아가셨다는 사실
을 쉽게 받아들일 수 없습니다. 우리는 왜 그분께서 그렇게 되셔
야만 했는지 모릅니다. 그저 그렇게 되셨다는 사실만을 압니다.
문제는 '내가 이 사건을 어떻게 이해하는가'입니다. 이 문제를 다

루는 데 성경이 제공하는 다양한 해석이 도움이 됩니다. 요한 복음사가는 예수님의 십자가상 죽음을 하느님의 영광으로 해석합니다. 즉, 십자가에서 예수님의 사랑이 완성된다고 본 것입니다. 이는 죽음보다 강하고 증오를 극복하는 사랑입니다. 예수님께서는 이에 대해 이렇게 말씀하셨습니다.

"친구들을 위하여 목숨을 내놓는 것보다 더 큰 사랑은 없다."(요한 15,13) 또 다른 곳에서는 "나는 땅에서 들어 올려지면(십자가 위에서) 모든 사람을 나에게 이끌어 들일 것이다."(요한 12,32)라고 말씀하셨습니다. 이처럼 십자가의 신비를 이렇게 이해하고 묵상하면, 나를 괴롭히는 온갖 모순과 고통에도 십자가에 달리신 예수님께서는 나를 끌어안아 주신다는 것을 체험하게 됩니다.

루카 복음사가는 십자가에 대해 또 다른 표상을 말해 줍니다. 즉, 우리 모두가 고난을 통해 하느님 나라에 들어가야 한다는 것입니다. 우리는 십자가를 간절히 소망하거나 자발적으로 그에 다가가서는 안 됩니다. 하지만 십자가가 주어질 때 두려워하지 않고, 헤아릴 수 없는 하느님의 사랑을 향해 부서지더라도 당당히 나가야 합니다. 이런 의미에서 엠마오 제자들에게 하신 예수님의 말씀을 상기해 봅니다. "그리스도(메시아)는 그러한 고난을 겪고서 자기의 영광 속에 들어가야 하는 것이 아니냐?"(루카 24,26) 우리는 때때로 삶의 계획이 좌절되는 일을 겪곤 합니다. 하지만 이는 하느님께서 계획하신 참된 모습을 향해 과거의 나를 부수고 나갈 기회일 수도 있습니다. 내가 겪는 고통을 통해 스스로 만든 삶에 대한 상상을 부수어야 합니다. 그렇다면 우리는 고통에 무너지지 않고, 옛 삶의 틀을 부수며 진정한 나의 모습과 하느님을 향해 나아가게 될 것입니다.

우리는 부활을 바라볼 때만 십자가를 이해할 수 있습니다. 십자가는 우리가 만날 수 있는 모든 난관을 가리킵니다. 하지만 최종 목표는 십자가가 아닌 부활입니다. 내가 이 십자가로 인해 나의 옛 삶의 틀을 부순다면 내 안의 모든 것이 부활할 수 있습니다. 그러므로 십자가는 초기 그리스도인들에게 모든 고통이 극복되었다는 승리의 상징입니다. 모든 증오는 용감하게 가장 깊은 어두움 속까지 들어가서 그곳에서 모든 어두움을 밝힌 사랑으로 극복되었습니다.

신앙과 하느님, 그리고 예수님께서 우리의 역사와 어떤 연관이 있나요?

　　예수님께서는 우리에게 성취된 삶의 길을 보여 주는 스승 그 이상이십니다. 또한 예로부터 우리 시대와 삶에 큰 영향을 끼친 역사적 사건이기도 하십니다. 미국 성공회 성직자이자 융의 제자인 존 샌포드(John A. Sanford, 1929~2005년)는 당신을 죽게 한 이들을 용서하신 예수님, 그분의 십자가상 죽음이 예로부터 역사에 영향을 끼친 사건이라고 말했습니다.

　　십자가에 달리신 예수님 안에서 모든 이에게 드러나는 완성된 사랑이 세상으로 퍼져 나가고 인간의 의식을 변화시켰습니다. 십자가가 세상의 그 어떤 사건보다 더 인간의 의식을 변화시켰다고 말할 수 있습니다. 예수님의 사랑처럼 한 인간의 사랑이 분명히 드러나면 인류의 보편적인 의식을 변화시킵니다. 이 사랑에서 멈

추지 않는 활동이 시작됩니다. 예수님께서 십자가상에서 모든 사람에게 넘겨주신 당신의 영은 모든 이를 위한 구원과 치유, 변형과 의식 확장의 원천이 됩니다.

오늘날 많은 사람들은 예수님께서 어떻게 돌아가셨는지에 더는 관심을 두지 않습니다. 하지만 성경은 그에 대해 분명히 이야기합니다. 수많은 사람들이 예수님 죽음에 관한 성경의 이야기를 읽었습니다. 그리고 예수님께서 돌아가신 방식은 예전부터 오늘날까지 인간에게 무의식적으로, 계속해서 깊은 영향을 미쳤습니다. 우리는 삶의 길을 보여 주시는 예수님의 말씀을 읽고 그분의 생애를 묵상하면 삶을 변화시키는 힘을 얻습니다. 그리고 그 힘이 한 사람의 인생을 바꾸기도 합니다. 저는 예수님의 삶과 죽음, 부활이라는 역사적 사건이 있는 환경에서 삽니다. 예수님께서 내 삶에 얼마나 영향을 미치시는지는 내가 그분을 받아들이는지, 거부하는지 여부에 달려 있습니다. 하지만 예수님께 관심이 없거나 무관하다고 여기는 사람들도 적어도 문화적으로는 그분의 영향을 받는다는 것을 알 수 있습니다.

예수님을 통해서 하느님을 새롭게 알 수 있나요?

예수님께서는 새로운 방식으로 하느님에 대해 말씀하셨습니다. 그러한 점에서 하느님에 관한 우리의 지식과 그분에 대한 생각은 예수님의 말씀과 태도를 통해서 풍성해지고 변화됩니다. 예수님께서는 하느님에 대해 새로운 정보를 전달하시지 않습니다. 왜냐하면 우리가 하느님에 관해 이야기할 때는, 정보 전달의 언어가 아닌 표상으로만 이야기할 수 있기 때문입니다. 예수님께서 말씀하신 하느님에 관한 표상은 여러 차원에서 새롭습니다.

루카 복음사가는 예수님께서 카파르나움 사람들 앞에서 하신 첫 설교를 다음과 같이 묘사합니다. "그들은 그분의 가르침에 몹시 놀랐다. 그분의 말씀에 (하느님의) 권위가 있었기 때문이다."(루카 4,32) 여기에 '엑수시아'라는 그리스어가 있습니다. 이 말은 '존재로부터'라고 번역할 수도 있습니다. 예수님께서는 사람들이 하느님의 존재를 느끼고, 그분의 말씀을 체험하도록 하느님에 대해서 말씀하셨습니다. 이것은 오늘날 우리에게 똑같이 일어날 수 있습니다. 그러면 우리는 예수님께서 하느님에 대해 말씀하시는 것이 아니라, 하느님을 표현하신다고 느낍니다. 즉 예수님의 말씀에서 하느님의 현존을 느끼는 것이지요. 또한 예수님께서는 끊임없이 요구하시는 하느님의 모습이 아닌, 그저 그분의 참된 모습에 대해서만 말씀해 주십니다.

하느님의 이러한 참모습은 회당에 있던 어느 한 사람에게서 괴성 섞인 반항을 일으킵니다(루카 4,33-37 참조). 루카 복음사가는 회당에 있던 그 사람이 더러운 마귀의 영에 들렸다고 말합니다. 더러운 영에 들린 이 사람은 분명 자신이 만든 하느님 상을 가지고 있었을 것입니다. 예수님께서는 이 왜곡된 하느님 상을 흔들고자 하십니다. 그러자 이 더러운 영에 들린 사람은 격하게 반항합니다. 예수님께서 말씀하신 이 하느님 상을 받아들이려면 과거뿐 아니라 현재의 자신을 온전히 새로운 하느님께 내어 맡겨야 하기 때문입니다. 예수님께서는 그가 마귀, 즉 더러운 영에 들렸음을 아셨습니다. 그래서 당신의 권위로 마귀를 쫓아내시어 그가 진정한 하느님 상을 받아들일 수 있도록 하십니다. 이 이야기는 우리에게

도전을 의미합니다. 왜냐하면 지금껏 지녔던 하느님 상을 깨트리고 새로운 하느님, 미처 헤아릴 수 없는 그분을 받아들이도록 하는 것이기 때문입니다.

제가 예수님을 사랑할 수 있나요?
그분의 사랑을 어떻게 느낄 수 있나요?
예수님을 사랑하는 방식이 남녀 간에 차이가 있나요?

　성경을 읽다 보면 예수님께서 사람들에게 어떻게 다가가시고 말을 건네셨는지, 또 얼마나 자비롭게 대하셨는지 보게 됩니다. 그러면서 우리는 차츰 그분께 공감하게 되고, 인간적으로 좋아하게 됩니다. 바로 루카 복음서가 예수님을 눈앞에 그리듯 명료하게 묘사합니다. 전승에 따르면 루카 복음사가는 화가였습니다. 루카 복음사가는 자신의 글을 통해서 예수님이 떠오르도록 기술합니다. 그래서 저는 마치 한 폭의 그림처럼 눈앞에 그려지는 이 예수님을 사랑합니다. 물론 이것은 사람에 대한 사랑과는 다릅니다.
　예수님의 성화나 이콘도 기도할 때 도움이 됩니다. 전승에 따르면 이콘 화가들이 예수님의 모습을 그린 원본을 본보기로 가지고 있었다고 합니다. 그래서 이콘 화가들은 모두 전형적으로 길쭉한 얼굴의 예수님을 그렸습니다. 하지만 이 그림이 얼마만큼 예수님과 똑같은지는 아무 의미가 없습니다. 이 여러 성화에서 내가 사랑할 수 있는 한 인간이 우리에게 다가옵니다. 그리스도 이콘에서 역사적인 예수님뿐만 아니라 지금은 성부 곁에 계신 예수님도 우리와 마주합니다. 그렇게 예수님에 대한 저의 사랑은 언제나 하느님에 대한 사랑입니다.

저는 종종 '예수 기도'를 통해서 예수님에 대한 사랑을 느낍니다. 숨을 들이쉬면서 "주 예수 그리스도님"이라고 말하고 숨을 내쉬면서는 "하느님의 아드님, 자비를 베푸소서!"라고 말합니다. 수도자들은 이것을 '마음 기도'라고도 부릅니다. 숨을 들이쉬면서 예수님의 사랑이 내 마음에 어떻게 들어오는지를 생각하고, 숨을 내쉬면서는 이 사랑이 몸 전체에 흐르도록 합니다. 우리가 예수님의 사랑을 느끼는 가운데 마음 안에도 예수님에 대한 사랑이 생깁니다. 이것이 그분에게서 나에게 흐르고, 또 내게서 그분에게 흐르는, 서로를 연결하는 사랑입니다.

예수님에 대한 사랑은 남녀 간에 차이가 있습니다. 일부 여성들 사이에서 예수님에 대한 사랑은 육체적 사랑의 경향을 띱니다. 이 사실을 우리는 중세 여성 신비주의의 주요 증언에서 살펴볼 수 있습니다. 네덜란드의 여성 신비가인 안트베르펜의 하드비

쉬(Hadewijch, 1230~1260년)는 자신이 예수님과 하나가 되는 것을 육체적 사랑의 언어로 묘사합니다. 하드비쉬는 성령 강림 대축일 전야 미사에서 애인에 대한 사랑 앞에서 자신이 사그라지는 환시를 보았습니다. 그는 이 순간을 이렇게 표현했습니다. "이번에는 사랑의 욕구가 내 안에서 너무 격렬하고 고통스럽게 일어나서 내 사지가 모두 부러지는 것처럼 보였고 나의 모든 신경이 이상하게 곤두섰습니다. …… 그다음에 그분께서 직접 나에게 오셨습니다. 그분은 팔로 나를 꼭 안아 주셨습니다. 사지 전체에서 마음속 인간적 욕구를 향한 내 몸의 희열을 충만히 느꼈습니다." 하드비쉬는 육체적 사랑으로 하나가 되는 것을 그리스도뿐만 아니라 하느님과도 체험했습니다.

예수님에 관한 남성들의 이야기가 오히려 더 간소하게 들립니다. 그들은 예수님께 공감합니다. 그리고 자신감이 충만하시며, 사람들에게 영감을 주시고 활력을 일으키시는 예수님께 매료됩니다. 일부 여성들은 예수님께서 여성을 대하신 모습에 매료되고, 예수님께서 당신 안에서 여성성과 남성성을 종합하셨다는 사실을 강조합니다. 융은 이 여성성과 남성성을 아니마anima와 아니무스animus라고 지칭합니다. 사람들은 여성을 대하시는 그분의 모습을 보고 예수님께서 특별한 남성이었다는 것을 느낍니다. 예수님께서는 당신 안의 여성적 측면을 수용하셨기에, 여성을 존중하며 다시금 일으켜 세울 수 있으셨던 것입니다. 이는 당시의 남성들의 전형적 모습과는 전혀 반대되는 태도였습니다.

예수님께서는 현재 내 삶에 대안을 제시해 주시나요?

예수님께서는 내 삶의 대안을 보여 주십니다. 당신 존재로부터 말씀하실 때 하느님 존재뿐만 아니라 인간 존재도 가리켜 보이십니다. 그분께서는 내가 누구인지를 말씀해 주십니다. 만일 나 자신의 참된 존재를 발견하면, 우리는 내 자신을 다르게 체험합니다. 또한 다른 이들에게 나 자신을 입증해야 한다는 압박에서 자유로워집니다.

그들은 끊임없이 하느님의 요구, 그리고 그보다 더 자주 자신의 초자아의 요구에 응하라는 압박을 받습니다. 예수님께서는 우리에게 이에 대한 대안을 제시하십니다. 우선 나 자신이 누구인지를 체험하고 느껴야 합니다. 그렇게 된다면 우리의 태도는 저절로 바뀝니다.

예수님께서는 우리 생활의 기준을 다르게 설정하십니다. 여기서 중요한 것은 끊임없이 타인에게 좋은 인상을 주려는 자아가 아니라 그 힘으로 내가 다르게 살 수 있는 참자아, 나의 고유한 중심입니다. 예수님께서는 더 많은 성공과 소유에 대한 우리의 탐욕에 의문을 제기하시며 내면의 자유로 나아가는 길을 가르쳐 주십니다. 일부 사람들은 예수님의 말씀이 무리한 요구를 한다고 생각합니다. 하지만 더 자세히 보면 그분의 말씀은 지혜로 가득합니다. 그 말씀은 오늘날 우리가 살아가는 삶에 대한 대안, 자유와 생동감과 사랑과 평화로 나아가라고 우리를 초대합니다.

하느님께서는 어디에 사시나요?
그곳에 예수님도 사시나요?

하느님께서는 주소가 따로 없으십니다. 온 세상과 온 우주에 "살고 계시기 때문입니다." 예수님도 이와 비슷합니다. 예수님께서는 하느님께서 계신 곳에 사시고, 하느님과 예수님의 영은 온 세상을 가득 채웁니다. 하지만 사람들은 아주 오래전부터 성당과 같이 하느님께서 머무르실 곳이 필요하다고 생각했습니다. 이는 구약의 이스라엘 사람들이 하느님께 성전을 지어 드리고자 했던 예에서 잘 드러납니다. 다윗이 하느님께 집을 지어 바치고자 했을 때 하느님께서는 나탄 예언자를 통해서 다윗에게 말씀하셨습니다. "내가 살 집을 네가 짓겠다는 말이냐? 나는 이집트에서 이스라엘 자손들을 데리고 올라온 날부터 오늘까지, 어떤 집에서도 산 적이 없다. 천막과 성막 안에서만 있으면서 옮겨 다녔다."(2사무 7,5-6)

바오로 사도는 그리스 철학자들 앞에서 한 아레오파고스 연설에서 이렇게 말합니다. "세상과 그 안에 있는 모든 것을 만드신 하느님께서는 하늘과 땅의 주님으로서, 사람의 손으로 지은 신전에는 살지 않으십니다."(사도 17,24) 그럼에도 불구하고 이스라엘 사람들뿐만 아니라 그리스도인들도 하느님께서 어디든지 살고 계신다는 사실을 알면서도 성전이나 성당을 지어야 한다고 생각했습니다.

하느님의 아름다움을 반영하는 건축물인 성당은 하느님께서 우리와 가까이 계심을 느끼도록 해 줍니다. 많은 이들이 기도를 해 온 그곳은 하느님의 현존으로 가득 찬 공간이 됩니다. 이처럼 성당은 우리가 하느님의 현존을 체험하는 데 도움을 줍니다. 하지만 하느님께서는 어디에나 계십니다. 특히 사람들 마음 안에 살고 계십니다.

이를 하시딤 이야기 중 하나가 다음과 같이 가르쳐 줍니다. 유다교 랍비가 청중들에게 "하느님께서 어디에 사십니까?" 하고 물었습니다. 청중들이 이러한 어리석은 질문을 던진 랍비를 비웃자, 랍비는 "하느님께서는 사람들이 당신을 받아들이는 곳에 사십니다."라고 대답했습니다. 그리스도인들도 이 질문에 이처럼 대답할 수 있습니다.

현대 과학의 세계관이 하느님께서 머무시는 특정 장소를 없앤 건가요?

현대 과학의 세계관만이 하느님께서 특정 장소에 머무르시지 않는다고 여기는 것은 아닙니다. 이미 고대 그리스 철학자들도 그렇게 여겼습니다. 그리고 루카 복음사가는 아레오파고스 연설에서 이 사실을 확인했습니다(사도 17,16-34 참조).

하느님께서는 어디에나 계십니다. 그분께서는 우주를 가득 채우시며 모든 존재의 근거이십니다. 양자 물리학은 사람이 정신과 물질을 분리할 수 없다는 사실을 알았습니다. 그래서 양자 물리학은 하느님께서는 어디에나 사시고 당신의 지혜와 사랑과 빛으로 전 우주를 채우신다는 생각에 열려 있습니다.

제3장

인간

하느님의 모상에 가까워지려는 이들

모든 사람이 하느님을 믿지 않아도 하느님께서는 그들을 구원하시나요? 모든 사람이 하늘나라에 들어갈 수 있나요?

예수님께서는 모든 사람을 위해 돌아가셨습니다. 그러므로 그분의 사랑은 모든 사람에게 해당하고, 하느님께서는 모든 이에게 구원을 베푸십니다. 하지만 구원은 인간의 의지 없이는 이루어지지 않습니다. 더 정확히 말하자면 예수님의 구원 활동이라는 역사적 사건으로 인하여 모든 사람의 구원을 위한 전제가 달라졌습니다. 개인의 결단 이전에 모든 이에게 해당하는 역사적인 사랑의 사건이 이미 존재합니다. 하지만 어떤 이가 자기에게 이루어진 구원을 체험하는지 여부는 그가 하느님과 관계하고 자신의 양심을 따르는지 여부에 달려 있습니다. 하느님께서는 당신을 믿지 않는 이도 구원을 얻기를 바라십니다. 그래서 그에게도 사랑의 손길을 내미시지요. 물론 그 사람이 제안을 받아들이지 않고, 그리스도교의 하느님을 믿지 않아도 좋습니다. 하지만 제2차 바티칸 공의회의 가르침처럼 자신의 양심을 따라 살아야 한다는 것은 분명합니다. 그러면 이 신비를 하느님으로 생각하지는 않아도, 그분께 자신을 개방한 거나 다름없습니다.

모든 이가 하늘나라에 자동으로 들어간다고 할 수는 없어도 누구든지 하늘나라를 받아들일 수는 있습니다. 하지만 어떤 이는 받아들이지 않습니다. 만일 "내가 어떻게 살든지 상관 없어. 어차피 나도 하느님을 따랐던 사람들과 똑같이 하늘나라에 들어갈 거니까."라고 믿는다면 삶은 진중함을 상실할 것입니다.

이에 예수님의 메시지는 "의식적으로 살아라! 눈을 떠라! 그렇지 않으면 너는 실패할 수 있다."라고 경고합니다. 하지만 예수님께서 당신과 함께 십자가에 매달린 오른쪽 죄수에게 낙원을 약속하신 것처럼(루카 23,43 참조) 그분은 우리에게 '하늘나라에 들어갈 수 있다'는 희망을 주십니다.

믿는 이들은 늘 도덕적이며 바르게 행동하나요?

신앙인이라고 해서 다른 사람들보다 더 바르게 행동하지는 않습니다. 신앙인들도 잘못을 저지르며 약점을 지녔습니다. 그들은 하느님의 사랑이 자신의 약점을 채우고 그것이 장점으로 변화되기를 희망합니다. 신앙과 도덕은 분명히 짝을 이룹니다. 예수님께서는 산상 설교에서 이를 보여 주셨고, 그 중심에 주님의 기도(마태 6,9-13 참조)가 있습니다. 이 기도는 다음과 같이 이해할 수 있습니다. 먼저 우리는 영적인 체험을 청합니다. 하지만 이 체험은 우리의 새로운 태도에서 드러나야 합니다. 만일 우리가 이 영적인 체험에만 머문다면 이것은 자기도취에 빠지는 것에 불과할 것입니다.

반대로 산상 설교의 가르침을 단순히 도덕적으로나 윤리적으로만 이해한다면 그 가르침은 과도한 요구가 됩니다. 하지만 영적인 체험의 표현으로서 그 가르침은 유익합니다. 이처럼 예수님의 가르침은 우리의 영적 체험을 강화하고 그 가르침에 대한 실천은 우리를 더 큰 자유와 사랑으로 인도합니다.

신앙에서 결정적으로 중요한 것은 영적인 체험입니다. 17세기 말 계몽주의 시대 이래 영적 체험과 신비에 대한 의미는 사라졌습니다. 국가와 계몽주의 철학에 따라 교회는 그저 도덕적 역할을 하는 기관으로서만 인정되었습니다. 그래서 신앙은 도덕으로, 더 정확히 말하자면 역사적으로 매우 제한된 도덕에 대한 이해로 축소되었습니다.

도덕은 항상 변합니다. 분명 교회는 때로 특정 도덕을 시대를 초월하는 도덕으로 인정했고 성덕의 상징으로 선포했습니다. 하지만 오늘날 우리는 신앙에서 서로 다른 두 가지를 강조할 필요가 있습니다. 그 하나는 영적인 체험인 신앙 체험이고 다른 하나는 이 신앙 체험과 행동이 연결되는 것입니다. 베네딕토 성인(Saint Benedict of Nursia, 480~543년)은 이것을 "오라 엣 라보라ora et labora", 즉 "기도하고 일하라"로 표현했습니다. 하지만 오늘날 우리는 영성을 행동이나 일상의 실천으로부터 완전히 분리할 위험이 있습니다. 실천이 없는 영성은 허울뿐인 자기도취적 경향에 빠질 우려가 있습니다. 미국의 작가인 켄 윌버(Ken Wilber, 1949년~)는 미국의 일부 영성 운동이 정치적, 사회적으로 주목할 만한 결과를 내지 못했다고 비판했습니다. 예수님께서는 우리가 하느님께서 가까이 계심을 체험함으로써 세상을 하느님의 영으로 채우길 원하십니다.

나는 죄인인가요?
죄란 무엇인가요?

죄를 뜻하는 그리스어 '하마르티아'는 목표에서 벗어났음을 의미합니다. 그러므로 죄는 자기 자신과 자신의 진리를 따라 살지 않는 것, 자신이 지닌 인간됨의 목표를 벗어난 것을 의미합니다. 죄를 뜻하는 독일어 '쥔데Sünde'는 분리시킴을 의미하는 '존더른 sondern'에서 왔습니다. 죄를 짓는 이는 인간 공동체에서 자신을 격리합니다. 이는 분명 우리의 경험에서 알 수 있습니다. 어떤 이가 큰 잘못을 하면 그는 인간 공동체에서 배제되었다고 느낍니다.

죄는 자주 계명의 위반으로 이해됩니다. 예를 들어 사람들은 계명을 위반한 사실을 고해성사에서 구체적으로 고하면 하느님께서 용서해 주신다고 믿습니다. 고해성사는 분명히 자신의 죄의식에서 자유롭게 되는 좋은 방법일 수 있습니다. 융도 심리학의 관점으로 고해성사를 이해하며 다음과 같이 말했습니다. "누군가가 큰 잘못을 하면 개인의 말 이상의 것이 필요합니다. 그에게는 무의식의 심층에까지 영향을 끼치는 예식이 필요합니다. 이때 고해성사가 용서를 반대하려는 무의식적인 저항을 해소합니다."

 교회가 인간을 죄인이라 불렀을 때, 사람들은 지나치게 죄책감을 가지기도 했습니다. 이것은 권력 행사의 은밀한 형태였습니다. 그러나 예수님께서는 인간을 있는 그대로 받아들이셨습니다. 그분은 어떤 조건도 없이 사람들을 만나셨습니다. 그분은 사람들이 죄인으로 취급한 자캐오를 그의 죄와 상관없이 받아들이셨고, 이 체험이 자캐오를 변화시켰습니다(루카 19,1 이하 참조).

 성인들도 자신을 죄인이라고 여겼습니다. 이러한 체험은 본질적으로 하느님 체험에 속합니다. 하느님께 다가갈수록 우리 안에 있는 어두움, 그늘진 부분, 본래 하느님에게서 비롯된 모습을 따라 살지 않은 죄를 더욱 명확히 알게 됩니다. 하지만 이 체험이 끊임없는 양심의 가책으로 나 자신을 괴롭히는 수단이 되어서는 안 되고 오히려 겸손함으로 이끌어야 합니다. 겸손함은 자신의 인간적인 불완전성으로 내려가서 우리 안의 모든 것이 하느님의 사랑으로 채워지고 변화하리라는 신뢰를 지니게 합니다. 이러한 의미에서 우리는 나 자신을 죄인이라 부를 수 있으나, 비난해서는 안 됩니다. 오히려 나의 죄와 잘못을 하느님께 솔직히 말씀드리고 용서를 청할 때 조건 없는 그분의 사랑을 체험할 수 있습니다.

이는 해방의 체험입니다. 죄를 부인하는 이는 끊임없이 자기의 무죄를 입증해야 합니다. 또한 자신이 얼마나 훌륭한지를 다른 이들에게 보여 주어야 한다는 압박을 받습니다. 그는 자신의 능력을 드러내도록 강요받는다고 느낍니다. 하지만 융은 자신의 약점과 그늘진 부분을 말하는 것이 불완전한 인간의 본성, '후마니타스humanitas'에 속한다고 말합니다. 이것이 하느님처럼 행동해야 하며, 어떠한 잘못도 없이 완벽해야 한다는 속박에서 우리를 해방시킵니다.

나에게 영혼이 있나요?
동물에게도 영혼이 있나요?

　'영혼'이라는 단어에서 우리는 영혼을 사용하는 상징적인 어법과 영혼에 대한 철학적 진술을 구분해야 합니다. '저 사람은 맑은 영혼을 지녔다(=마음씨가 좋은 사람이다).', 혹은 '저 사람은 위대한 영혼을 가졌다.'라고 상징적으로 표현합니다. 이 표현은 그 사람이 순수하고 착하며 마음이 넓다는 것을 의미합니다. 우리가 어떤 이의 영혼을 돌본다고 할 때, 그의 외적인 면만이 아니라 내면과 사고, 감정과 갈망도 보살핀다는 것을 뜻합니다.

　'영혼'을 철학적으로 말하면 다음과 같습니다. '영혼은 몸의 형상이다anima est forma corporis.', '몸과 영혼은 떨어질 수 없이 서로 결합되어 있다.', '죽음에서 영혼은 몸으로부터 분리된다.', '플라톤에 따르면 영혼은 불멸한다.', '영혼은 죽음에서 하느님께 도달한다.'고 말합니다.

그리스도인은 육신의 부활을 믿습니다. 교부들은 플라톤의 영혼론을 육신의 부활이라는 그리스도교의 메시지에 연결시켰습니다. 카를 라너는 이러한 교부들의 입장을, 영혼이 죽음 이후에 다시 몸을 형성하지만 이 몸은 완전히 다른 몸이라고 해석합니다. 바오로 사도는 천상의 몸을 말합니다. 우리는 '몸'으로써 인간의 인격을 말하는데, 인격은 그 얼굴(그리스어로 인격은 프로소폰, 즉 얼굴입니다)과 목소리(인격을 뜻하는 라틴어 페르소나는 페르소나레, 즉 '소리가 울려 퍼지다'라는 동사에서 비롯되었습니다)에서 체험할 수 있습니다. 그러므로 우리는 나 자신이 영혼을 지녔다고 말할 수 있습니다.

또한 우리에게는 세상을 능가하는 그 무언가가 있습니다. 그것은 목소리나 얼굴 등 내 몸을 통해 나를 표현하는 영혼을 지녔기 때문입니다. 이 영혼은 플라톤이 말한 대로 불멸의 존재이며, 죽음까지도 견디어 냅니다.

신학에서는 동물에게도 혼, 즉 동물의 영혼이 있다고 말합니다. 하지만 신학자들은 동물의 영혼도 인간처럼 불멸하는지, 동물에게도 '천국' 같은 것이 있는지 여부에 대해서는 논쟁을 벌입니다. 이 문제는 최근에 발전되었지만 아직까지 확신을 가지고 답할 수는 없습니다. 하지만 동물의 영혼도 육체의 죽음을 견디어 낸다는 사실에서 출발할 수 있습니다.

신앙과 구원은 서로 연관되나요?
구원은 무엇을 의미하나요?
저도 구원을 받을 수 있나요?

모든 종교는 구원을 표방합니다. 하지만 여기서 구원은 다양하게 이해됩니다. 그리스도인들은 예수님의 역사적 사건, 즉 그분의 탄생과 십자가 죽음과 부활을 통해 구원되었다고 말합니다. 불교 신자들은 수행이 인간을 고통의 수레바퀴에서 자유롭게 한다고 확신합니다. 그리스도인들은 종종 불교 신자들이 자력 구원을 주장한다고 여기지만, 그렇게 단정 지을 수는 없습니다. 왜냐하면 불교 신자들도 '지고한 존재'가 고통에서 자유롭게 하신다고 믿기 때문입니다. 우리가 우리 안에 하느님의 자리를 마련해 드리면 하느님께서는 우리를 탐욕에서 자유롭게 하십니다. 그러면 우리는 내적으로 자유롭게 됩니다.

무슬림들은 예수 그리스도가 인간을 죄에서 구원하기 위해서, 인간의 죄 때문에 죽으셔야 했다는 생각에 동의하지 않습니다. 하지만 '이슬람'을 번역하면 '순종'이라는 의미입니다. 하느님께 대한 순종도 결국은 구원을 의미합니다. 왜냐하면 순종이 탐욕에 사로잡혀 있는 이기적 자아를 해방시키고 타인들 앞에서 자신을 증명해 보여야 한다는 압박에서 우리를 자유롭게 하기 때문입니다.

모든 종교적 신앙은 구원과 관련됩니다. 구원은 그리스도교 전통에서도 여러 가지로 이해되었습니다. 그리스 철학의 영향을 받은 신학자들에게 구원은 인간의 무상함으로부터의 해방, 즉 유일한 인간이 신적이고 영원한 생명으로 채워지는 신화神化였습니다. 서방 신학자들, 특히 아우구스티노 성인과 마르틴 루터(Martin Luther, 1483~1546년)에게 구원은 죄로부터의 구원이었습니다. 루터는 이 사실을 십자가상 예수님의 죽음과 강력히 연결시켰습니다. 물론 죄의 용서는 구원의 중요한 측면이지만 구원이 무조건적으로 십자가상 예수님의 죽음과 연결될 필요는 없습니다. 루카 복음사가는 우리가 예수님 안에서 죄를 용서받는다고 기술합니다. 부활을 통해서 하느님께서는 예수님을 구원에 대한 증인으로 세우셨습니다.

구원의 또 다른 의미는 인생이 무의미하다는 체험과 관련됩니다. 인간은 방향을 상실하고 자기 존재가 무의미하다고 괴로워합니다. 지혜의 스승이신 예수님께서 우리에게 인생의 의미를 밝혀 주심으로써 우리를 구원하십니다. 이러한 구원 방식을 우리는 불교와 이슬람교에서 다시 발견합니다. 하느님께서는 우리가 가치 있게 살 수 있는 길을 보여 주십니다.

유다교는 이집트 탈출에서 하느님의 실제적인 구원 행위를 발견합니다. 하느님께서는 종살이하던 당신 백성을 약속의 땅에서 누리는 자유로 이끄셨습니다. 그러므로 구원은 역사적 행위입니다. 하지만 인간이 자신들에게 자유를 보장하는 하느님의 계명을 지키지 않고 우상을 숭배한다면, 계속 억압된 상태가 될 수 있다는 사실을 유다인들은 분명히 알았습니다. 그리스도인들은 이스라엘 백성의 이집트 탈출에서 드러난 하느님의 해방을 예수 그리스도를 통해서 성취된 구원의 표상으로 이해했습니다. 우리는 예수 그리스도 안에서 성취된 구원을 역사적 사실로도 바라봅니다. 하지만 개인의 구원은 그가 예수님의 말씀을 따르고 그분의 영으로 충만하게 될 때만 가능합니다.

구원되었다는 것이 저에게 무엇을 의미하는지 다음과 같이 표현하고 싶습니다. 저는 예수님의 말씀을 묵상할 때 잘못된 삶에서 구원되고 해방되었다고 느낍니다. 그리고 복음서의 치유 이야기를 읽고 예수님께서 지금 저를 그와 똑같이 치유하신다고 생각할 때 구원을 체험합니다. 특히 예수님의 십자가를 바라볼 때 구원되었다고 느낍니다. 예수님께서 나를 위해 당신 몸을 바치셨고 당신의 목숨을 아까워하지 않으셨다는 것을 아는 것. 바로 이것이 십자가를 통한 구원입니다. 이 사실이 자기 비난과 자기 거부에서 저를 구원하고, 십자가를 바라볼 때 조건 없이 받아들여졌다고 느껴지게끔 합니다.

신학자 폴 틸리히(Paul Tillich, 1886~1965년)는 이러한 느낌을 다음과 같이 표현합니다. "나 자신을 받아들일 수 없다고 여긴 내가 조건 없이 받아들여지고 사랑받는다고 느낍니다. 이것이 하느님의 은총을 얻어야 한다는 모든 압박에서, 선함이 모자라며 하느님의 뜻에 부합하지 않는다는 모든 두려움에서 나를 해방시킵니다."

인간에게 신적인 면이 있나요?
그렇다면 나에게 신적인 면은 무엇인가요?

　인간은 신적이지 않습니다. 인간은 인간이고 인간으로 남습니다. 성경의 창조 이야기는 하느님께서 인간을 당신의 모습으로 당신과 비슷하게 창조하셨다고(창세 1,26 참조) 이야기합니다. 여기에 두 개의 히브리어 단어가 사용되는데 사실 이 둘은 '그림'을 의미합니다. 하지만 그리스 교부들은 이 두 단어를 서로 다르게 '에이콘(=그림)'과 '호모이오마(=비슷함)'로 번역합니다. 그들은 이를 통해 인간이 하느님의 모상이라고 해석합니다. 하지만 이 모상은 우리의 죄를 통해서, 또 한편으로는 하느님의 본래적 모상 위에 우리가 올려놓은 여러 다른 상을 통해서 계속 흐려집니다. 우리의 과제는 이 모상에 더욱 가깝게 되는 것입니다.
　신약 성경이 전하는 메시지는 하느님께서 인간이 되시어 인간을 신적인 생명으로 충만해지도록 해 주신다는 사실입니다. 그리스 교부들은 '인간의 신화神化'라는 표현을 사용합니다. 이것은 인간이 온전히 인간으로 남지만 그에게 주어진 신적인 생명이 그의 무상함을 영원한 생명으로 변화시킨다는 의미입니다. 즉, 인간은 죽음을 통해서도 사라지지 않는 신적인 싹을 지닌다는 것입니다. 그렇기 때문에 그리스 교부들은 우리가 신적인 생명을 받아 모시는 성체를 '파르마콘 아타나시아스', 즉 '불사의 치료제'라고 칭했습니다.

인간 원죄의 본질은 하느님처럼 되고자 했던 것입니다. 나 자신이 하느님이 되어 누구에게도 매여 있지 않고 아무것도 책임지지 않기를 원했던 것이지요. 하지만 인간이 스스로를 하느님이라 생각하면 다른 사람과 함께 지내지 못할 뿐더러 그들을 억누릅니다. 그리고 자신의 현실과 무상성, 결핍에 눈 감아 버립니다.

교부들은 '불타는 떨기' 표상을 그리스도의 탄생을 통한 인간 신화神化의 관점에서 해석합니다. 즉 우리는 말라비틀어지고 시들어 죽고 쓸모없는 떨기이며 또한 그러한 떨기로 남습니다. 하지만 이 떨기는 사라짐 없이 불에 탑니다. 우리 안에는 하느님의 영광이 빛납니다. 우리는 불타 없어지지 않습니다. 즉, 인간성이 폐기되지 않습니다. 오히려 죽을 인간으로 남습니다. 하지만 그리스도께서 선사하시는 신적인 생명으로 영원한 생명에 참여합니다. 요한 복음사가는 이 사실을 "하느님께서는 세상을 너무나 사랑하신 나머지 외아들을 내 주시어, 그를 믿는 사람은 누구나 멸망하지 않고 영원한 생명을 얻게 하셨다."(요한 3,16)라고 표현합니다. 우리는 죽음에도 지속되는 영원한 생명을 이미 우리 안에 지닙니다.

오늘날 일부 신비주의자들은 사람이 자신의 내면에 신적인 것을 가지고 있다고 말합니다. 묵상과 영적 활동은 우리 안에 있는 신적인 것과 접촉하도록 해 주며 이 신적인 것이 우리를 다른 사람들 위로 끌어올린다는 것입니다. 그러나 하느님께서는 우리가 마음대로 다룰 수 있는 분이 아닙니다. 우리는 하느님과 신적인 것을 소유할 수 없습니다. 우리는 예수 그리스도 안에서 이루어진 하느님의 강생으로 신적인 생명을 선사받았습니다. 이러한 방식으로만 모든 사람 안에 있는 신적인 것은 그 누구에게도 침해받지 않고, 항상 존엄합니다.

베네딕토 성인은 우리가 다른 사람에게서 그리스도, 즉 신적인 핵심을 발견해야 한다고 기술합니다. 우리의 가장 내밀한 핵심이 신적이라고 말할 수 있을 것입니다. 우리 안에는 본래 순수한 하느님의 모상이 있습니다. 그러므로 모든 사람에게서 이 신적인 모상을 발견해야 합니다. 달리 말하면 모든 사람 안에는 거룩한 것이 있다고 할 수 있습니다. 이 거룩함은 세상에서 벗어난 것이며, 세상이 이에 대해 어떠한 힘도 발휘하지 못하는 것입니다.

우리는 이 거룩함을 간직하며 세상일에 좌우되거나 무작정 이끌려가서는 안 됩니다. 또한 다른 이들이 지닌 거룩함도 존중해야 합니다. 이는 타인의 깊은 내면을 파고들고자 하는 것이 아닌, 지켜 주어야 한다는 의미입니다. 우리는 세례 때 사제로서 기름부음을 받았습니다. 사제의 직분을 받은 우리는 자신과 다른 이들이 지닌 거룩함을 보존하고, 인간이 사회와 세상적인 가치에 의해 규정되고 제어되지 않도록 해야 합니다.

제4장

신앙

새로운 눈으로 세상을 바라보는 힘

믿음이란 무엇일까요?

흔히 사람들은 신앙은 그리스도교에만 해당되는 것이라고 생각합니다. 하지만 신앙은 그리스도교에서만 이루어지는 인간의 근본 행위가 아닙니다. 그리스도교 전통에서 믿음은 상대방에 대한 믿음과 무엇에 대한 믿음으로 구분합니다. 상대방에 대한 믿음은 하느님과의 인격적인 관계 안에서 드러납니다. "나는 하느님을 신뢰한다.", "나는 하느님께서 나를 돌보신다고 느낀다."라는 말에서 드러나듯 신앙은 무엇보다도 '신뢰'를 말합니다. 우리가 "천지의 창조주를 저는 믿나이다."라고 할 때도 상대방에 대한 믿음이 지칭됩니다. 바로 하느님께서 나를 만드시고 나를 돌보신다고 믿는 것입니다.

무엇에 대한 믿음은 신앙과 관련됩니다. 우리는 하느님께서 성경에서 계시힌 바를 믿고, 교회가 신앙 고백과 교의로 확인한 것을 믿습니다. 무엇에 대한 믿음은 맹목적 믿음이 아닌, 우리가 믿는 바를 이해하는 것을 목표로 합니다. 캔터베리의 안셀모 성인 (Anselm of Canterbury, 1033/1034~1109년)은 이를 "이해를 추구하는 신앙fides quaerens intellectum"이라고 표현했습니다. 우리는 교회가 가르치는 신앙을 이해하려고 노력합니다. 우리가 그것을 이해할 때만 그것은 참된 믿음이 됩니다. 왜냐하면 신앙은 이성에 반대되지 않기 때문입니다.

'믿는다'고 할 때 우리는 인격적인 신앙 행위를 떠올립니다. 신앙은 다양한 측면을 지녔습니다. "나는 너를 믿어.", "나는 너를 신뢰해." "나는 네가 진실했다고 믿어."라고 하는 것처럼 여러 표현으로 믿음을 드러냅니다.

성경에서도 '믿음'은 다양하게 나타납니다. 예수님께서는 병든 자신의 종을 고쳐 달라고 청하는 백인대장에게 "가거라. 네가 믿은 대로 될 것이다."(마태 8,13)라고 말씀하셨습니다. 백인대장은 예수님께서 자신의 종을 고치실 수 있다고 믿었고, 그분을 신뢰했습니다. 또한 하혈하던 여인 역시 예수님께서 자신의 병을 고치실 수 있는 분이라고 믿었습니다. 이에 예수님께서는 "딸아, 네 믿음이 너를 구원하였다."(마르 5,34)라고 말씀하셨습니다. 여기서

'믿음'은 예수님에 대한 믿음과 그분이 구원해 주시리라는 신뢰를 뜻합니다. 마리아의 친척인 엘리사벳은 자신을 방문한 마리아에게 "행복하십니다, 주님께서 하신 말씀이 이루어지리라고 믿으신 분!"(루카 1,45)이라고 말합니다. 마리아는 엘리사벳의 남편인 즈카르야와 달리 천사의 말을 의심하지 않고 그 말을 믿었으며 천사가 자신에게 약속한 모든 것이 이루어지리라 신뢰했습니다.

우리는 요한 복음서에서 또 다른 신앙의 관점을 만날 수 있습니다. 여기서 신앙은 나자렛 출신 목수인 예수님께서 하느님의 아드님이시며 그분 안에 하느님께서 계심을 알아보는 것을 뜻합니다. 우리는 인간이신 예수님 안에 하느님이 활동하신다는 것을 깨달아야 합니다. 그리고 예수님을 하느님께서 파견한 분으로 알고, 그분의 말씀을 길잡이로 삼아 충실히 지켜야 합니다.

여기서 신앙은 우리 안에서 하느님께서 현존하심을 인식하는 것입니다. 이렇게 더 깊이 통찰하는 이는 다른 새로운 삶으로 나아갔음을 체험합니다. "내 말을 듣고 나를 보내신 분을 믿는 이는 영생을 얻는다."(요한 5,24)라는 말씀처럼 신앙은 우리를 영원한 생명으로 이끕니다. 이는 죽음 이후의 삶뿐만이 아니라 새로워진 지금의 삶을 의미합니다. 이렇게 믿음은 새로운 눈으로 나 자신을 바라보고, 세상을 바라보면서, 어디에서든 하느님의 아름다움을 알아보는 것입니다.

 신뢰와 바라봄의 관점을 저에게 적용시킨다면, '믿음'은 놀라운 약속을 하시며 진정 내가 누구인지 보여 주시는 하느님의 말씀을 신뢰하는 것입니다. 또한 저의 상처를 치유하고 저를 압박하는 삶의 틀에서 해방시키시는 예수님을 신뢰하는 것입니다. 요한 복음서에서 말하는 믿음은 모든 것 안에서 "하느님의 영광"이라고 일컫는 것으로, 예수 그리스도 안에서 빛나며, 오늘날 나를 위해 빛나는 지상과 인간의 모든 것에서 하느님의 아름다움을 보는 것입니다.

어린이의 믿음과 어른의 믿음은 어떻게 다른가요?

우리는 어렸을 때 아기 예수님과 산타클로스를 믿었지만, 어른이 된 후에는 더 이상 어린이처럼 생각하지 않습니다. 하지만 어린이의 믿음을 무시해서는 안 됩니다. 오히려 그 시절 무엇이 나를 지탱해 주었고 나는 무엇을 믿었는지 다시금 떠올려 보면 어떨까요? 하느님께 보호받으며 사랑받고 있다는 느낌이 '어린이 신앙'의 본질입니다. 어른이 된 우리는 바로 여기에서 연결점을 다시 찾아야 합니다.

우리는 신앙의 뿌리를 바라보아야 합니다. 그 뿌리가 어느 정도 제 역할을 하는지 생각해 봅시다. 만약 더 깊이 뻗지 못하는 뿌리가 있다면 어디에서부터 잘라내야 할까요?

어렸을 때 믿었던 바를 이성으로 철저히 분석하고, 신앙을 계속 배우는 것이 바로 우리의 과제입니다. 많은 이들이 복사로 열심히 활동했던 어린 시절의 신앙을 더 이상 믿을 수 없다고 말합니다. 그들은 믿음이 실제로 무엇을 의미하는지 계속 숙고하지 않은 것입니다. 우리는 평소에 학문을 비롯한 다양한 정보를 수집합니다. 그렇게 신학적 발전에 대한 정보도 수집해야 합니다. 그럼에도 새로운 신학이나 교리를 받아들이기 어려워하는 것은 어렸을 때 신앙이라고 생각했던 바에서 여전히 벗어나지 못하기 때문일 것입니다.

  신학도 자연 과학과 똑같이 계속 발전합니다. 그렇기 때문에 신학적으로 계속 배워 나가야 합니다. 그런 다음에야 우리는 다시 한 번 '나는 그것을 믿을 수 있는가', 아니면 '그것은 나에게 낯선 세계인가'를 질문할 수 있습니다.

신앙을 받아들이는 힘은 어디에서 나오나요?

신앙을 받아들이는 힘은 각자가 받은 교육에 달려 있습니다. 만약 부모님이 신앙의 힘으로 삶을 살아왔다면 자녀 역시 신앙을 쉽게 받아들일 것입니다. 저는 가톨릭 신앙을 지닌 가정에서 태어났고, 그런 분위기에서 자랐습니다. 이런 환경이 제게 많은 영향을 미쳤습니다. 하지만 어른이 되면 스스로 신앙을 선택해야 합니다. 저 역시 그러했습니다. 그러면 신앙을 받아들일 수 있게 하는 교육 이외의 또 다른 원천이 열릴 것입니다.

신앙을 받아들이게 하는 힘의 원천은 직관입니다. 신앙은 순수 이성적인 결정에만 근거하지 않습니다. 신앙을 받아들이거나 거부하는 이성적인 근거는 답을 가져다주지 않습니다. 하지만 저의 직관은 사실을 인식하는 또 다른 원천이 내 안에서 샘솟는다고 말해 줍니다. 서는 제 직관을 신뢰합니다.

신앙을 받아들이게 하는 또 다른 원천은 갈망입니다. 저는 많은 사람들에게서 신앙에 대한 갈망을 느낍니다. 우리는 바흐(Johann Sebastian Bach, 1685~1750년)의 〈크리스마스 오라토리오〉나 헨델(George Frideric Handel, 1685~1759년)의 〈메시아〉를 들을 때, 오래전에 지어진 성당을 바라볼 때, 작곡가나 건축가, 예술가들이 작품에 심어놓은 바를 믿고자 하는 갈망을 느끼게 됩니다. 갈망은 예술에서 느끼는 아름다움이 환상이 아니며 그 아름다움에서 하느님 영광 자체가 빛난다는 사실을 알려 줍니다.

신앙은 배워 익힐 수 있나요?
내가 원하면 신앙이 생길 수 있나요?

믿음이 생기지 않는다고 하소연하는 이들이 많습니다. 이들은 신앙이 깊은 이들에게 매료되지만 그들의 신앙을 모두 공감할 수는 없습니다. 이 경우 저는 생텍쥐페리(Antoine Marie Jean-Baptiste Roger de Saint-Exupéry, 1900~1944년?)의 말을 약간 바꾼 "신앙을 갈망하는 것은 이미 신앙이다."라는 표현이 적절하다고 생각합니다. 다른 이의 신앙에 매료된 사람은 자신도 그처럼 확고한 믿음이 생기기를 갈망합니다. 바로 이 갈망에 이미 신앙의 흔적이 있습니다. 그래서 이 흔적을 더욱 뚜렷하게 하려면, 나에게 이미 신앙에 대한 갈망이 있다는 사실을 신뢰하는 것이 중요합니다.

사람이 신앙을 쉽게 만들어 낼 수는 없습니다. 그렇다고 우리가 '믿는다' 내지 '믿지 않는다' 사이에서 양자택일할 상황에 처해 있는 것도 아닙니다. 많은 이들이 신앙은 은총이지만 자신은 그런 은총을 받지 않았다고 여깁니다. 하지만 저에게는 신앙도 실험입니다. 성경 말씀을 가지고 다음과 같은 실험을 해 볼 수 있습니다. "주님의 나의 목자, 나는 아쉬울 것 없어라."(시편 23,1)라는 시편 말씀이 맞는다고 가정하고 행동하는 것입니다. 이 말씀을 믿고자 애쓸 필요는 없습니다. 하루 종일 이 말씀이 맞는다고 생각하면서 지내는 것이지요. 그러면 다음과 같은 질문이 마음에서 올라옵니다. '나는 나를 어떻게 느끼는가?', '나의 욕구와 내적인 부족함을 어떻게 느끼는가?' '나의 욕구는 다른 이들과 어떻게 다른가?' '이 성경 말씀이 나를 이롭게 하는가?' 그 말씀이 나를 이롭게 한다면 그 말씀을 신뢰합니다. 말씀이 치유 효과를 나타냈기 때문입니다.

  이것은 자기 최면이 아닙니다. 만일 "내가 가장 위대하다."라는 말을 믿으라고 한다면, 저는 이것이 과도한 요구이며 허구라는 사실을 금방 느끼게 될 것입니다. 하지만 성경 말씀은 이와 반대로, 생명으로, 내적인 자유로, 평화로, 사랑으로 이끕니다.

  옛 수도자들이 말하는 '생명, 자유, 평화, 사랑' 이 네 가지 기준에 따라, 성경 말씀을 예수님의 눈으로 읽는지, 아니면 거짓된 눈으로 읽는지 알 수 있습니다. 성경 말씀이 더 큰 생명과 자유와 평화와 사랑으로 이끈다면 성경 말씀을 올바로 이해한 것입니다. 반대로 성경 말씀이 두려움을 불러일으킨다면 성경 말씀을 제대로 이해하지 못한 것입니다. 즉, 자신의 두려움과 도덕적인 잣대로 성경을 읽은 것입니다.

신앙은 나에게 주어진 선물인가요?

신학자 카를 라너에 따르면 모든 사람은 신앙의 능력을 지녔습니다. 왜냐하면 우리가 어떤 생각을 할 때 이미 구체적인 생각을 넘어 무한한 것을 함께 생각하기 때문입니다. 우리는 무의식 속에서 우리를 능가하는 존재에 대한 신앙의 기질을 가지고 있습니다. 하지만 이것이 우리 안에서 활성화되기 위해서는 하느님과의 내적 연결을 의식적으로 숙고해야 하고, 신앙의 결단도 필요합니다. 이와 더불어 하느님의 은총도 나타납니다.

즉, 신앙은 선물입니다. 하지만 하느님께서 어떤 이에게는 신앙을 주시고 어떤 이에게는 주시지 않는다고 이해해서는 안 됩니다. 오히려 하느님께서는 우리에게 신앙을 제안하십니다. 우리는 이 선물을 꼭 움켜쥐어야 합니다. 이렇게 하려면, 하느님의 특별한 표지가 있어야 합니다. 그렇기 때문에 하느님께 믿음을 달라고 청해야 합니다. 이는 우리 스스로 신앙을 만들 수 없다는 것을 고백하는 것입니다. 결국 우리가 믿음을 지녔다는 것은 언제나 하느님께서 선사하시는 은총입니다.

믿음과 지식의 차이는 무엇일까요?

　의심의 여지가 없는 사실을 말할 때 우리는 안다고 말합니다. 우리가 아는 자연 과학 지식은 그 사실을 뒷받침해 주는 연구 결과가 있기 때문에 이를 '안다'고 말합니다. 독일어 '알다wissen'는 '보다', '통찰하다', '인식하다' 등의 뜻을 지닙니다. 그러므로 '지식'은 사물을 바라보고 인식하는 방식을 말합니다. 이러한 의미에서 지식은 신앙과 깊이 관련됩니다. 신앙도 지식처럼 사실을 특정하게 바라보고 인식하고 통찰하기 때문입니다. 하지만 신앙은 우리가 자연 과학적으로 증명할 수 없는 지식입니다.
　신앙과 지식은 동일하지 않습니다. 그렇다고 반대의 개념도 아닙니다. 신앙이 세상에 대한 새로운 시각으로 이끌기 때문입니다. 자연 과학적인 관찰 방식은 수백 년 동안 우리가 감각으로 알 수 있는 것으로 제한되었습니다. 하지만 오늘날 양자 물리학은 우리가 보지 않고도 설명 모델을 믿도록, 양자 물리학자들의 통찰을 신뢰하도록 제안합니다. 이러한 점에서 신앙과 지식은 매우 가깝습니다.

신앙은 지식과 대립되어서는 안 됩니다. 신앙은 인간의 정신으로 알 수 있는 모든 것을 진지하게 여기지만 지식의 영역을 초월합니다. 신앙은 그 전체 맥락에서 세상을 바라보고 초자연적인 원천에서 인간을 바라보기 때문입니다. 때로 신앙을 대변하는 이들이 자연 과학이 밝혀야 할 과제에 속하는 여러 사실을 자신들의 것인 양 주장했습니다. 그 때문에 수백 년 동안 신앙과 학문은 충돌을 빚었습니다. 하지만 우리가 신앙과 지식의 고유한 영역을 진지하게 받아들인다면, 신앙과 지식의 대립은 있을 수 없습니다.

믿음은 늘 종교와 관련되나요?

신앙은 인간의 행위입니다. 종교는 특정 예식과 제도 안에서 실현됩니다. 그러한 점에서 신앙과 종교는 동일하지 않습니다. 오늘날 특정 종교에 소속되지 않고도 믿는 이들이 많습니다. 그들은 자신보다 더 큰 무언가를 믿습니다. 또한 특정 종교의 규정을 따르지 않고 무엇을 믿을지, 또 어떻게 믿을지를 스스로 결정합니다. 그들은 자신이 믿는 바를 늘 하느님이라고 칭하지 않습니다. 일부 사람들은 영적 존재를 신으로 믿기도 합니다. 그러나 그들은 침묵 속에서 신비를 체험하면서도 이 신비를 늘 하느님으로 칭하지는 않습니다.

신앙과 종교는 같나요?

　신앙을 언급할 때 우리는 하느님께 대한 인격적인 신뢰뿐만 아니라 신앙 체계에 대한 태도도 지칭합니다. 이러한 맥락에서 그리스도교·유다교·이슬람교의 신앙을 이야기합니다. 여기서 신앙은 우리가 옳다고 여기는 신앙 교리의 체계입니다. 이와 달리 종교는 신앙 체계보다 제도를 더 많이 지향합니다. 종교는 그 안에서 수행되는 의례와 관련됩니다. 그러므로 종교는 의례와 신앙 진리의 체계이고 신자들을 가르치고 그들의 헌금으로 재정을 운영하는 구조입니다.

　개신교 신학자인 바르트(Karl Barth, 1886~1968년)는 신앙과 종교 사이에 극단적인 대립이 있다고 보았습니다. 그는 하느님과 인간 사이에서만 이루어지는 순수한 신앙의 편을 들었고, 종교를 의례의 구조이자 분화적 특징으로 여기며 거부했습니다. 하지만 저는 이러한 대립이 인위적이고, 모든 것을 뒤엎는 무리한 요구라고 생각합니다. 가톨릭 신학은 여러 종교 안에서도 늘 인간의 갈망과 체험이 표현된다고 보았습니다. 가톨릭 신학은 종교를 거부하지 않고, 각 문화에서 그리스도교 문화를 발전시키려 시도합니다. 이는 마치 종교에게 세례를 준 것과 같습니다.

신앙은 생각하기를 싫어하는 지친 사람들을 위한 것일까요?

신앙을 고집하면서도 신앙에 대해 생각하기를 싫어하는 사람들이 있습니다. 이들은 신앙을 편안하게 잘 살게 해 주고 세상살이에 도움이 되는 수단쯤으로 여깁니다. 하지만 이것은 신앙의 본질과 맞지 않습니다. 신앙은 '우리가 무엇을 알 수 있는가?', '우리가 세상을 어떻게 설명할 수 있는가?'라는 질문을 던지는 사람에게 계속해서 더 깊이 묻습니다. 그리고 더 나아가 자연 과학적인 대답에 만족하지 않고, 모든 존재의 근거를 묻습니다.

예로부터 신학은 철학과 긴밀한 관계였습니다. 철학(필로소피아)이라는 그리스어를 그대로 번역하면 '생각에 대한 사랑', '지혜에 대한 사랑'을 뜻합니다. 신학은 철학이 모든 시대에 던진 질문에 대해 답을 시도했고, 이를 위해서는 철학을 잘 알아야 했습니다. 오늘날 신학은 철학뿐만 아니라 심리학, 사회학, 뇌 연구, 양자 물리학, 최신 자연 과학 등 다양한 분야와의 대화도 필요로 합니다.

우리는 성경에서 당대의 지식과의 대화를 발견합니다. 바오로 사도는 자신의 서간에서 스토아 철학의 지혜를 자주 이용했습니다. 그는 그리스도교 신자들도 스토아 철학의 이상을 실현하고, 스토아 철학자들에게 뒤지지 않게 처신하기를 바랐습니다. 루카 복음사가는 바오로 사도가 아테네 아레오파고스의 그리스 철학자들 앞에서 한 연설(사도 17,16-34 참조)에서, 신앙은 철학 지식을 진지하게 받아들이지만 그것을 넘어선다는 것과 그들의 생각에서 더 나아가도록 현명한 철학자들을 재촉하는 대답을 내놓는다는 것을 보여 주었습니다.

신앙을 이해하려면 신앙 언어를 배워야 하나요?

신앙과 철학의 전제는 같습니다. 그것은 놀라움입니다. 철학적 숙고의 시작에는 우리가 존재한다는 사실에 대한 놀라움, 그리고 신앙의 시작에는 창조된 세상의 아름다움과 인간의 신비에 대한 놀라움이 자리합니다.

신학은 다양한 분야에서 일반인들에게는 다소 낯설고 이해하기 어려운 언어를 발전시켰습니다. 하지만 신앙의 언어는 어떠한 특정 언어가 아니라 인간을 감동시키는 언어가 되어야 합니다. 사도행전의 성령 강림 사건이 이를 잘 보여 줍니다. 사도들이 말하기 시작하자 모든 청중은 놀라워했습니다. 서로 다른 언어를 사용했음에도 불구하고, 사도들의 말을 각자의 모국어로 이해했기 때문입니다. 사도들은 모든 이가 이해할 수 있는 방식으로 말을 했고, 자신들의 언어로 청중을 감동시켰던 것입니다.

신앙의 언어가 그리스어나 라틴어뿐만 아니라 기술, 심리학, 사회학, 시, 자연 과학 등 다양한 분야의 언어를 사용하는 사람들에게도 감동을 준다는 사실이 저에게는 예술과 같습니다. 신앙의 언어는 우리가 힘들여 배워야 하는 언어가 아니라 각 사람들의 마음을 파고드는 언어입니다.

저는 이를 위한 전제가 상징으로 말하는 능력이라고 여깁니다. 상징은 하느님의 신비를 고정시키지 않습니다. 상징은 모든 이가 창문 너머에 있는 특별한 빛과 아름다운 풍경을 볼 수 있게 합니다. 신앙의 언어는 실존의 제한된 공간을 넘어 생명과 우주의 광활함을 바라보도록 합니다. 그래서 모든 것 너머에 있는, 우리보다 더 큰 존재를 느끼게 합니다. 그리하여 모든 것에서 하느님의 아름다움을 발견하고 경탄합니다.

교회의 전통이 가르치는 것을 모두 믿어야 하나요?

전통이 가르치는 것을 모두 믿을 필요는 없습니다. 교회의 전통에는 풍성한 영적 보화가 있습니다. 하지만 오류가 있기도 합니다. 예를 들어, 그리스도교 전통에서는 금욕을 내적 자유를 위한 훈련이 아닌 욕구를 '억제'하기 위한 것으로 오해하기도 했습니다. 또한 윤리적인 요구와 관련하여 그릇된 생각을 발견하기도 합니다. 이러한 것들은 흔히 시대에 따른 것이었습니다. 이때 옛 수도자들이 말한 '영적 식별'이 꼭 필요합니다. 전통이 나를 생명과 자유와 평화와 사랑으로 이끄는지, 나를 궁지로 몰거나 과도한 요구를 하는지 직감해야 합니다.

성경은 모든 그리스도교 전통의 토대를 이룹니다. 그러므로 전통이 말하는 모든 것을 끊임없이 성경에 비추어 살펴봐야 합니다.

전통이 성경의 풍성함으로 이끄는지 아니면 일부분 또는 일방적인 해석으로 우리를 제한하는지 스스로에게 물어야 합니다

    그리스도교와 교회의 전통이 성경에만 관련되지 않습니다. 여기에는 도덕, 세상의 기원 또는 자연 과학과 관련된 의견도 포함되어 있습니다. 그렇기 때문에 전통이 지닌 영적인 지혜와 예전에 만들어져 그 시대에만 국한된 의견을 구분해야 합니다. 전통은 우리를 고정시키지 않고 계속 그에 대해 논하도록 자극합니다. 이러한 논의에서 우리는 자유롭다고 느껴야 합니다. 우리가 이해하는 것만을 수용하고 믿고, 이해하지 못하는 것은 일단 내버려 두는 것입니다. 나중에 이해하게 될 수도 있고, 시대에 따른 것에 불과한 것으로 드러날 수도 있기 때문입니다. 이 경우에는 더 이상 이것에 대해 신경을 쓸 필요가 없습니다.

신앙의 내용을 설명하려면 어떠한 규칙이 있어야 하나요?

저는 신앙의 내용을 설명하는 것을 제 의무라 여깁니다. 이와 관련하여 제 나름대로 세운 세 가지 규칙이 있습니다.

첫째, 여러 의견을 있는 그대로 받아들입니다. 하지만 그림으로 그려지듯 이야기할 수 있는 상징으로 이해합니다. 여러 의견을 변형시키거나 제한된 개념으로 받아들이지 않고 신비를 향한 창문을 여는 상징으로 받아들입니다.

둘째, 좁은 의미의 신앙 내용, 즉 교의라고 일컬어지는 확고한 교리는 인간을 구원하시는 하느님의 행위와 관련됩니다. 자연이나 시대적 사건에 관한 진술은 신앙의 대상에 속할 수 없습니다. 신앙은 예수 그리스도의 역사적 사건에서 구원이 이루어졌다는 '사실만'을 진술합니다. 하지만 예수 그리스도께서는 시대를 나타내는 연도나 구체적이고 객관적인 사실에 매여 있지 않으십니다. 윤리에 관한 교의는 있을 수 없습니다. 왜냐하면 윤리는 각 문화에 따라 다르고 항상 변하기 때문입니다.

셋째, 모든 신앙 내용은 하느님의 신비와 인간의 신비에 열려 있고자 합니다. 모든 신앙 내용은 인간에게 유익하도록 인간에 대해 이야기하기 때문에 치유 기능이 있습니다. 또한 하느님과 인간에 대해 '올바로' 이야기하고자 합니다. 하지만 올바르다는 것이 독선을 의미하지는 않습니다. 오히려 하느님과 인간에 관한 유익한 이야기, 즉 하느님과 인간의 진리에 근접하는 이야기를 의미합니다. 우리는 절대 진리를 표현할 수 없습니다. 왜냐하면 하느님께서 절대 진리이시기 때문입니다. 절대 진리는 어떠한 말이나 그림으로도 표현할 수 없으며, 이 모든 것을 초월합니다.

우리는 그리스도께서 '하늘에 올랐다'고 고백합니다. 저는 이 신앙 고백을 예로 들어 앞서 말씀드린 세 가지 규칙으로 설명하겠습니다.

첫째, '하늘에 올랐다'는 표현에는 가시적인 진술이 없습니다. 이 표현은 예수님께서 지금 하늘에 계시다는 것을 상징합니다. 루카 복음서에는 '하늘에 들어 올려졌다'고 나오는데 이것이 더 사실에 부합합니다. 예수님께서는 하느님에게서, 하늘에게서 인간에게 오십니다. 그리고 그분은 죽음과 부활로써 다시 하느님의 영역 안으로 올라가셨습니다.

둘째, 이 표현은 우리에 대한 하느님의 구원 활동을 의미합니다. 예수님께서는 죽음에 머무시지 않습니다. 하느님께서 예수님을 데려가셨기 때문입니다. 하느님 곁에 계신 예수님께서는 우리를 변호하는 분이십니다. 그분은 우리 편을 드십니다. 그래서 언젠가는 우리도 예수님과 함께 하늘에 계신 분께 받아들여질 것입니다. 죽음은 우리를 파멸시키지 못하며, 우리로 인하여 죽음도 하늘에 계신 분께 받아들여질 것입니다. 왜냐하면 예수님의 죽음과 부활, 승천을 통해서 우리의 죽음이 변화되었기 때문입니다.

셋째, 이 말의 치유적 차원은 다음과 같습니다. 우리는 예수님을 마치 뛰어난 영성 지도자인 듯 따라가면 안 됩니다. 예수님께서는 이제 하느님 곁에 계십니다. 아버지와 함께 계시며 우리의 내적 스승이자 교사로 활동하십니다. 우리는 그분을 따르며 그분의 영 안에서 이 세상을 건설해야 합니다. 이 세상을 위해 열심히 활동하면서도 하늘이 우리를 기다린다는 사실도 명심해야 합니다. 이것이 모든 경직된 행동주의에서 우리를 해방시킵니다.

신앙은 세상의 기원에 대해 어떻게 말하나요?

그리스도교 신앙에 따르면 하느님께서 세상을 창조하셨습니다. 그리고 성경의 창조 이야기는 하느님께서 이 세상의 창조주이심을 여러 상징을 통해서 설명합니다. 성경이 쓰일 당시에는 상징으로 설명하는 것이 일반적이었습니다. 우리는 창조 이야기에서 시적인 아름다움을 봅니다.

하이든(Franz Joseph Haydn, 1732년~1809년)이 자신의 걸작인 오라토리오 〈천지 창조〉에서 그 웅장함과 아름다움을 표현한 것은 결코 무의미하지 않습니다. 하지만 성경의 창조 이야기에서 세상의 기원에 대해 구체적으로 알 수는 없습니다. 그것은 자연 과학의 문제입니다. 오늘날 사람들은 세상의 기원, 즉 우주의 발생이 대폭발(빅뱅)에 비롯되었다고 말합니다. 하지만 이로써 최종 결정이 내려진 것은 아닙니다. 신앙은 세상의 기원에 대해 개방적인 입장입니다. 자연 과학도 우주의 발생을 설명할 때, 상징이나 모델을 사용합니다. 하지만 신앙은 자연 과학과 달리 비가시적인 원인을 말하며, 모든 존재의 최종 원인을 묻습니다. 이 질문은 결국 신앙의 궁극적인 기반인 하느님께로 이끕니다.

그리스도교 신앙은 나의 죽음과 세상 종말에서 어떤 희망을 갖게 하나요?

그리스도교 신앙은 한 인간의 삶이 끝나는 날, 우리가 그리스도처럼 하늘에 받아들여질 것이라 말합니다. 성경은 이에 관해 여러 가지 상징으로 알려 줍니다. 우리는 죽음을 통해 하느님을 있는 그대로 뵙게 될 것입니다. 또한 하느님 앞에서 마지막 나의 진실과 나 자신을 만나게 될 것입니다. 성경에서는 나를 기다리는 '하느님의 심판'을 이야기합니다. 이 심판은 내 행동에 대해 심리를 하는 법정이 아닙니다. 오히려 죽음에서 내 안의 많은 것이 하느님을 거부했음을 알게 될 것입니다.

심판은 우리 안의 모든 것이 하느님을 향하도록 합니다. 그렇기 때문에 심판은 희망을 상징합니다. 우리 안의 모든 것이 하느님을 향하면 우리는 그분과 하나가 될 것입니다. 다른 한편으로 심판은 정의를 상징합니다. 독일의 철학자인 호르크하이머(Max Horkheimer, 1895~1973년)에 따르면 가해자가 피해자에게 승리를 거두지 않는 것이 인간 정의의 기본입니다. 심판은 가해자와 피해자 모두에게 기회입니다. 만일 이들이 심판받을 준비가 되어 있다면, 그들은 구원됩니다. 그들이 만약 심판을 거부한다면 예수님께서 말씀하신 대로(요한 3,18 참조) 이미 심판을 받은 것과 다름없습니다. 우리는 죽음으로써 세상과 작별하고 세상의 종말을 맞습니다. 그리스도께서는 영광 중에 오실 것이고 모든 이를 심판하실 것입니다. 이는 이 세상이 영원하지 않다는 사실을 상징합니다. 하지만 상징으로 표현하는 성경 말씀은 지구가 영원히 존속할 것인지, 우주가 영원할 것인지 그 여부에 대해 아무것도 말하지 않습니다.

오늘날 우리는 기후 변화로 인해 지구를 파멸시킬 수 있다는 것을 압니다. 그렇지만 자연 과학적으로 지구에서 인간과 동식물이 얼마나 오랫동안 생명을 유지할지는 알 수 없습니다. 성경은 우리에게 깨어 있으라고 조언하지만 외적인 확실성을 제공하지 않습니다. 우리는 내면을 바라보아야 합니다. 중요한 것은 나에게 죽음과 더불어 일어나는 세상의 종말이 바로 새 창조의 시작이며, 하느님 안에서 누리는 영원한 생명의 시작이라는 점입니다.

신앙을 의심하면 안 되나요?

의심은 본질적으로 신앙에 속합니다. 왜냐하면 신앙은 하느님에 대해 확실한 근거를 제시하지 않기 때문입니다. 하느님께서는 언제나 우리의 모든 이해 가능성 저편에 계시기 때문에 그분을 믿는다는 것은 의심을 내포합니다. 그래서 하느님께 대한 의심은 신앙에 속한다고 말할 수 있습니다. 이와 마찬가지로 인간에게서 비롯되고, 인간의 제한된 능력으로 인해 생기는 의심 역시 신앙에 속합니다. 인간은 언제나 확실함과 불확실함 사이에서, 신앙과 의심 사이에서 갈피를 잡지 못합니다. 의심은 신앙을 생생하게 유지하게 합니다.

왜냐하면 의심은 우리에게 질문을 계속 던지기 때문입니다. '나는 도대체 무엇을 믿는가?', '하느님께서 존재하신다는 것은 무슨 뜻인가?', '예수 그리스도께서 사람이 되셨다는 것은 무슨 말인가?', '그리스도께서 우리를 구원하셨다는 말은 무슨 뜻인가?' 이처럼 의심은 우리가 믿는 것을 끊임없이 설명하고 밝히도록 만들고 그 배경을 묻습니다. 이로써 우리는 하느님의 신비를 이해하는 길로 새로이 나서게 됩니다.

물론 신앙을 거부하게 하는 의심도 있습니다. 몇몇 사람들은 신앙뿐만 아니라 자연 과학의 현상이나 지식까지도 모두 의심합니다. 예를 들면, 그들은 기후 변화도 의심합니다. 그들은 이에 대한 사실 여부보다도 기존의 자기 삶을 변화시키고 싶지 않기 때문입니다. 그들에게 의심은 지금의 삶을 유지하기 위해서만 이용됩니다. 이러한 의심은 그들이 무엇을 행하거나 변화되는 것을 막고, 신앙을 거부하게 합니다. 하지만 참된 의심은 신앙에 속합니다.

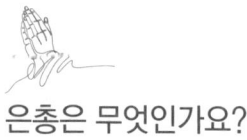

은총은 무엇인가요?

'은총'을 나타내는 독일어 그나데Gnade는 본래 '쉼', '고요', '호의', '애정', '도움'을 의미합니다. 신학은 은총에 관해 많이 숙고해 왔습니다. 여기서 은총이란 하느님께서 당신 자신을 인간에게 선물로 내어 주심을 뜻합니다. 하느님께서는 은총을 무상으로 주시면서 인간을 향합니다. 하느님께서는 인간이 먼저 무언가를 행하지 않아도 자유로운 사랑 안에서 당신을 알려 주시고, 기꺼이 당신 자신을 내어 주십니다. 이것을 신학은 '창조되지 않은 은총'이라고 부릅니다. 이 은총은 인간 안에서 작용하고 인간의 내적 힘이 됩니다. 이것을 사람들은 '창조된 은총' 내지 '성화 은총'이라고 부릅니다. 이 은총은 인간을 변화시킵니다. 하지만 인간에게 과제가 되기도 합니다. 그건 바로 우리가 은총에 응답해야 한다는 것입니다. 이처럼 은총은 인간의 활동을 촉진시킵니다.

은총에 대해 숙고할 때 우리는 다음과 같은 질문과 마주합니다. '나는 내 의지대로 살아가는가?', '내 모든 행동이 자랑할 수 있는 행동이었는가?', '나는 하느님께서 주시는 은총으로 살아가는가?', '내 성공은 하느님의 선물인 은총 덕분이 아닌가?' 바오로 사도는 자신에 대해 다음과 같이 고백합니다. "그러나 하느님의 은총으로 지금의 내가 되었습니다. 하느님께서 나에게 베푸신 은총은 헛되지 않았습니다. 나는 그들 가운데 누구보다도 애를 많이 썼습니다. 그러나 그것은 내가 아니라 나와 함께 있는 하느님의 은총이 한 것입니다."(1코린 15,10)

은총은 아무것도 하지 않는 것이 아니라, 사랑의 하느님께서 베푸시는 호의에 응답하는 것을 의미합니다. 그렇다면 내가 무언가 결실을 맺거나 성취할 때, 그것이 하느님의 선물임을 체험하게 됩니다. 이렇게 은총으로 비롯된 삶을 살 때 감사한 마음이 가득 차고 하느님의 영이 나를 관통할 것입니다.

토마스 아퀴나스 성인은 "은총은 본성을 전제한다."는 중요한 명제를 남겼습니다. 우리에게 본성적으로 주어진 은총을 펼치는 것은 각자에게 주어진 과제입니다. 또한 인간의 본성인 욕구와 능력을 잘 이용해야 합니다. 하느님의 은총은 본성은 들어 높이고,

열매를 맺도록 합니다. 이는 신앙에서도 마찬가지입니다. 신앙은 은총인 동시에 본성적 토대이기도 합니다. 우리는 눈에 보이는 것뿐만 아니라 보이지 않는 것도 헤아릴 수 있습니다. 은총은 이 능력을 강화하여 견고한 신앙을 갖게 해 줍니다.

이성과 동의는 어떠한 관련이 있나요?
이 둘은 조화를 이루나요? 아니면 대립되나요?

그리스도교 역사에서 신앙과 지식이 일치할 수 있는가를 둘러싼 논쟁은 늘 있었습니다. 여기서 신앙과 지식의 고유한 특성을 고려하는 것이 중요합니다. 우리가 평소에 말하는 지식은 사물에 관한 것입니다. 이와 달리 신앙은 "나를 너를 믿어, 나는 너를 신뢰해."처럼 개인과의 관계를 표현합니다.

물론 우리는 나와 관계를 맺는 상대방뿐 아니라, 그의 말도 모두 신뢰합니다. 하지만 이 믿음은 그 사람 자체에 대한 믿음의 결과입니다. 우리가 하느님께서 계시하신 바를 믿는다고 할 때, 이 계시의 문장은 학문과는 다른 차원에 있습니다. 즉 계시의 문장은 상징 속에서 우리와 하느님과의 관계, 우리를 향한 그분의 치유와 구원 행위를 표현합니다. 계시의 문장이 세상 사물에 대한 명료한 정보를 주지 않습니다. 그렇기에 계시와 학문은 서로 보완됩니다.

신앙은 교회의 권위가 지시하는 것을 단순히 믿는 것을 뜻하지 않습니다. 그것은 사유하는 인간으로서 우리의 존엄성에 반하는 맹목적인 신앙일 것입니다. 우리는 성경과 교회의 해석이 제시하는 바를 숙고하고 진지하게 받아들여야 합니다. 그리고 이를 이성으로 온전히 이해해야 합니다.

우리는 자신이 통찰하는 것만을 믿습니다. 참된 신앙은 언제나 이성의 동의를 포함합니다. 하지만 신앙을 단순히 이성의 논리만으로는 설명할 수 없습니다. 이성은 내가 믿는 바를 분석하고 이해하도록 합니다. 신앙은 전통 안에서 내가 그 위에 서 있는 토대라 할 수 있습니다. 그러므로 신앙은 우리를 굳건히 서 있게 합니다. "자신을 이해할 때 스스로를 도울 수 있다."라는 말처럼, 우리가 신앙을 진정으로 이해할 때 신앙의 토대 위에 굳건히 서 있을 수 있게 됩니다.

신앙과 이성 사이에 절대적인 조화나 대립은 없습니다. 신앙을 통한 이성의 초월이 있을 뿐, 신앙은 이성을 중지시키지도 거부하지도 않습니다. 인격적 동의라는 것은 늘 나의 의지와 이성으로 동의하는 것을 말합니다. 이러한 동의가 없다면 그것은 전적인 예속이며 이는 그리스도교 전통에 따른 신앙 이해에 반합니다.

신앙은 굴복하는 것일까요?
각자 고유한 신앙을 가질 권리가 있나요?

교회사에는 교회가 신학자나 자연 과학자에게 교회의 판결에 굴복하라고 요구한 사건들이 많았습니다. 그 경우에 교회는 자신의 분야를 넘어 월권을 행사했습니다. 가톨릭 신자라면 누구나 신경을 바치며 신앙을 고백합니다. 만일 누군가 신경의 내용을 부정한다면, 교회는 4세기 이래 신경으로 확정된 이 신앙을 고백해야 한다고 요구할 수 있습니다. 그러므로 신앙 고백문을 아무렇지 않게 부인해서는 안 되지만, 이를 해석하는 데에는 자유롭습니다. 물론 당연히 임의적으로 해석해서는 안 되며, 신앙 고백문을 진지하게 받아들이면서 스스로에게 계속 물어야 합니다. '신앙 고백은 나에게 무엇을 의미하는가?', '신앙 고백문은 오늘날 교회를 이루는 우리에게 어떤 의미가 있는가?' 우리는 이 신앙 고백을 이해하고 해석하는 일을 결코 끝마칠 수 없을 것입니다. 신앙 명제의 해석은 개인의 이해 문제이기도 합니다. 누구나 해석에 고심할 수 있습니다. 하지만 자신의 해석이나 타인의 해석을 절대화해서는 안 됩니다. 우리는 언제나 하느님께서는 진리이시며, 신앙 명제는 진리를 가리키지만 우리 가운데 아무도, 심지어 교회조차도 절대 진리를 소유하지 않는다는 사실을 알아야 합니다. 우리는 교회 전체가 진리에서 벗어날 수 없다는 사실만을 믿습니다.

　신앙은 인격적인 행위입니다. 인격적이고 개별적인 나의 신앙은 공동체 안에서 이루어집니다. 그래서 신앙은 언제나 공동체 안에서 이루어집니다. 공동체의 신앙 위에 스스로가 떠받쳐져 있다고 느끼는 것도 이 때문입니다. 그리고 신앙 공동체 형제자매들에게 나의 신앙을 표현하고 나눌 수 있도록 노력합니다. 나를 내세우거나 상대방을 배척해서도 안 됩니다. 개방적인 태도로 신앙 공동체의 형제자매들과 평화롭게 지내면서 신앙을 드러내야 합니다. 교회가 고백하는 신앙에 마주해서 이 신앙을 이해하고, 이를 나의 인격적인 신앙으로 살아가는 것이 우리의 과제입니다.

제5장

성경

우리에게 건네시는 하느님의 말씀

하느님께서는 성경을 통해 말씀하시나요?
그분께서 나에게 말씀하시는 것을 어떻게 알 수 있나요?

　　신학의 전통은 성경을 우리를 향한 하느님의 말씀으로 이해합니다. 하느님께서는 성경을 통해서 우리에게 말씀하십니다. 하느님께서 성경을 쓰셨거나, 예언자나 성경 저자에게 직접 말씀을 넣어 주셨다고 이해해서는 안 됩니다. 성경은 거룩한 글이며, 많은 저자에 의해 쓰였습니다. 우리는 하느님께 영감을 받은 저자에 의해 성경 말씀이 쓰였고, 이렇게 쓰인 말씀이 하느님의 본질에 상응한다고 신뢰합니다. 우리는 이 책들을 통해 하느님께서 우리에게 말씀하신다고 믿습니다.
　　하지만 이것이 성경 말씀을 문자 그대로 받아들이고 절대화할 수 있다는 것을 의미하지는 않습니다. 그래서 이성이 필요합니다. 사람들은 성서 비평학(주석)에서 성경의 여러 책이 어떻게 생겨났는지, 어느 부분에서 당시의 사상 등을 수용했는지를 연구했습니다. 그리고 다양한 방향을 지닌 성경 본문이 우리에게 무엇을 말하려고 하는지를 찾아내려고 시도했습니다. 또한 이야기, 전설, 동화, 신화, 법령집 등 다양한 형식을 띠는 성경을 연구했습니다.

신약 성경에서는 부르심과 치유, 이야기, 비유와 예수님의 개별적인 언사가 담겨 있습니다. 이렇게 각각의 형식은 고유한 진리를 담고 있습니다. 하지만 전설을 역사로 받아들이거나 예수님께서 해 주신 비유 이야기를 신문 기사처럼 읽을 수는 없습니다. 그러므로 우리의 이성으로 성경에 접근하고 하느님께서 이 말씀을 통해 지금 나에게 무엇을 말씀하고자 하시는지를 물어야 합니다.

이미 유다교에서 어느 책이 성경에 속하는지를 확인하는 기준인 경전이 점진적으로 형성되었습니다. 그리스도인들은 이 전통을 수용해서 이어 갔습니다. 초세기에 오늘날 성경 이외에도 예수님에 관한 다른 많은 책이 있었습니다. 우리는 이것을 '외경'이라고 합니다. 이후 교회의 역사에서 점차 구약의 여러 책을 성경으로 표시하고 그 외에도 특정한 다른 여러 책도 경전으로 이해하는 합의가 이루어졌습니다. 여기에 속하는 것이 네 복음서와 바오로 사도의 여러 서간, 다른 여러 서간과 묵시록입니다. 교회는 이 여러 책에서 하느님께서 우리에게 말씀하신다는 사실에 합의했습니다. 그렇다고 이 경전에 수용되지 않은 책들이 아무런 가치가 없다는 것을 의미하지는 않습니다. 하지만 그 책들은 예수님을 일방적인 모습으로 전할 위험이 있습니다.

　이러한 외경 중에서 영지주의적인 관점으로 예수님을 전달하는 책들이 많았습니다. 이러한 책에서는 예수님을 당신 제자들에게 비밀 지식을 전달하는 분으로 묘사됩니다. 영지주의자들은 자신들을 하느님과 인간의 신비에 더 깊이 통찰하는 '아는 자'로 지칭합니다. 그들은 자주 예수님의 인성을 부정했습니다. 교회는 이러한 왜곡된 시각을 거슬러 예수님께서 복음서와 서간이 묘사하는 대로 참으로 인간이라는 사실을 견지했습니다. 그 당시 영지주의는 그리스도교 안팎으로 널리 퍼져 있던 흐름이었습니다. 오늘날 우리는 영지주의를 밀교에 비길 수 있습니다. 밀교는 그때나 오늘날에나 사람들을 매혹시키지만 많은 경우 그들에게 과도한 희망을 주고 무리한 요구를 했습니다.

　교회는 여러 책을 성경으로 확정했습니다. 하느님께서는 오늘도 나에게 이 성경 말씀을 통해 말씀하시며 마음을 움직이십니다. 아우구스티노 성인은 우리가 어떻게 하느님의 말씀을 듣고 이해해야 하는지 그 기준을 제시했습니다. 때때로 성경 말씀을 읽고 화가 날 수도 있습니다. 그럴 때 내 자신에게 화가 난 것인지, 아니먼 잘못된 하느님 상과 자아상을 지니고 있는 것은 아닌지 자문해야 합니다. 그리고 이에 온전히 답할 때까지 하느님의 말씀과 씨름해야 합니다. 그러면 나 자신을 더 잘 이해하게 되고, 나아가 내 자신과 진정한 친구가 될 것입니다.

아우구스티노 성인은 이를 다음과 같이 표현했습니다. "당신의 친구가 되십시오. 그러면 당신은 하느님의 말씀과 한 마음이 될 것입니다Amicus tibi esto et concordas cum ipso." 이를 "당신이 당신 자신과 잘 지내면, 하느님의 말씀과 일치할 것입니다."라고도 번역할 수 있습니다. 이는 반대로 말해도 유효합니다. 당신이 하느님의 말씀과 일치해 있다면 당신과도 친구가 될 것입니다.

성경은 단 번에 쓰였나요?

그렇지 않습니다. 성경 한 권에는 여러 책들이 담겨 있습니다. 이 각 권의 책은 서로 다른 시대에 쓰였습니다. 어떤 책은 이사야 예언서처럼 지금의 형태가 되기까지 오랜 시간이 걸렸습니다. 오늘날 사람들은 이사야 예언자가 썼다는 이 본문에서 서로 다른 세 권의 책과 세 명의 서로 다른 저자를 밝혀냈고, 제1이사야, 제2이사야, 제3이사야로 구분합니다. 이 세 책은 각각의 고유한 신학이 담겨 있습니다.

이렇게 성경은 다양한 저자들에 의해 쓰였어도 오늘날 여전히 권위가 있습니다. 하지만 일부 본문들은 다양한 신학적 사고를 따르기에 서로 배치되기도 합니다. 바로 이러한 성경의 배치에서 한 분이신 하느님 안에서 조화를 이루는 그분의 다양한 모습이 우리에게 드러납니다. 우리는 하느님 상을 일방적으로 단정 짓지 않고 그분의 헤아릴 수 없는 신비에 마음을 열기 위해 이러한 다양한 관점을 필요로 합니다.

성경을 준비 없이 읽어도 이해할 수 있나요?

오늘날 우리는 성경을 매우 잘 이해할 수 있습니다. 그리고 성경의 본문을 그림 같은 본문으로 받아들여야 합니다. 만일 그 본문을 글자 그대로 받아들인다면 해결할 수 없는 어려움에 봉착할 것입니다. 예술적 소질이 있는 사람들은 그들이 지니고 있는 표상 세계를 통해 성경을 파악합니다.

하지만 이성적으로 생각하는 이들은 성경 본문에서 어려움을 겪습니다. 그들은 성경 본문이 의미하는 바를 정말로 이해하지 못합니다. 우리가 준비 없이 성경을 읽는다면 자주 확신을 잃고 성경 읽는 맛을 상실할 수 있습니다. 이러한 경우, 성경의 특정 본문에 집중하는 것이 좋습니다. 예를 들어 구약 성경 레위기의 법령집을 읽으면서 성경 읽기를 시작한다면, 성경을 금세 멀리하게 될 수도 있습니다.

그러므로 네 복음서로 시작하는 것이 좋습니다. 예수님께서 사람들을 만나시는 이야기나 예수님의 비유 이야기를 읽을 때, 내 안에 떠오르는 생각을 신뢰해야 합니다. 물론 성경 공부를 시작할 때, 다양한 해석 방법을 접하고 자극을 얻는 것이 큰 도움이 될 수 있습니다. 하지만 다른 이의 해석을 그대로 받아들이기보다는 성경을 읽으면서 영혼에 떠오르는 생각을 신뢰해야 합니다.

그리스도인들은 구약 성경을 유다인과 다르게 읽나요?

유다교에서는 그리스도께서 태어나시기 이전 시대부터 이미 성경 해석 방법이 있었고, 이후에 그리스도인들이 이를 수용하여 발전시켰습니다.

성경 해석 방법 중 하나는 우의적 해석입니다. 이는 성경 본문에서 설명하는 것보다 더 심오한 뜻이 담겨 있다고 보는 것입니다. 예를 들어 바오로 사도는 사라를 새 계약, 하가르를 옛 계약의 표상으로 보면서 이 해석을 수용했습니다(갈라 4,21-31 참조).

두 번째는 예형론적 해석입니다. 예형론적 해석이란 신약 성경을 구약의 예언이 성취된 것으로 해석하는 방법입니다. 이는 과거가 미래의 본보기이자, 도래할 미래와 연결 지어져 있다는 단일성을 보여 줍니다. 바오로 사도는 이스라엘이 이집트에서 탈출한 것을 세례의 표상으로 보면서(1코린 10,1-13 참조) 이러한 예형론적 해석을 받아들였습니다.

그리스도인들과 유다인들은 창조 이야기와 오경을 비슷한 방식으로 읽습니다. 또한 시편으로 기도를 바칠 때도 그러합니다. 하지만 그리스도인들은 예전부터 구약의 여러 책을 예수 그리스도 안에서 이루어진 약속과 표지로 이해했습니다. 이 사실은 이미 신약 성경에서 확인됩니다. 예수님께서는 루카 복음서에서 구약의 책을 당신의 죽음과 부활의 예고로 이해하도록 제자들의 눈을 열어 주십니다. 예수님께서는 "모세와 모든 예언자로부터 시작하여 성경 전체에 걸쳐 당신에 관한 기록들을 그들에게 설명해 주셨습니다."(루카 24,27 참조) 그러므로 그리스도인들은 루카 복음사가를 따라 구약의 하느님께서 당신 백성에게 행하신 모든 업적이 예수님 안에서 성취되었음을 바라보면서 구약 성경을 읽습니다.

많은 교부들은 루카 복음사가의 전통을 따릅니다. 예로니모 성인도 라틴어로 구약을 번역할 때 이미 그리스도를 바라보았습니다. 이러한 그의 자세를 많은 교부들이 따랐습니다. 그들은 많은 구약의 본문에서 그리스도 안에서 성취될 약속을 발견했습니다. 예를 들어 구약의 다니엘서에서 사자 굴에 던져진 다니엘이 기적적으로 살아난 장면을(다니 6,11-29 참조) 예수님의 죽음과 부활의 상징으로 이해하는 것입니다. 예수님의 부활에서 구약의 많은 표상으로 묘사되는 하느님의 해방 행위가 완성됩니다.

하지만 구약을 이해하는 다양한 방식이 성경을 묵상하는 데 방해가 되어서는 안 됩니다. 구약의 말씀은 우리 그리스도인들에게나 유다인들에게나 똑같이 유효합니다.

그리스도교 안에는 구약이 신약을 통해서 대체되었다고 여기며, 구약의 가치를 부정하는 경향이 계속 있었습니다. 하지만 예수님께서는 온전한 유다인으로 모세의 율법과 구약을 공부하셨습니다. 그로부터 삶을 영위하셨으며, 늘 구약의 말씀을 인용하셨습니다. 그러므로 우리가 구약을 유다인들과의 대화에서 이해하는 것은 매우 중요합니다. 동시에 우리는 신약을 구약에 대한 정당한 해석으로 이해할 수 있습니다.

신앙에 관한 성경의 주요 구절을 알려 줄 수 있나요?

일부 성경 구절을 묵상하면서 아우구스티노 성인이 의도한 대로 우리가 우리 자신과, 또한 하느님 말씀과 일치할 수 있도록 그 말씀을 해석해 보겠습니다.

1. 창세 1,1-31

성경의 창조 이야기는 하느님께서 세상을 어떻게 창조하셨는지에 대한 놀라운 이야기입니다. 하지만 이 창조 이야기를 자연 과학적으로 해석해서는 안 됩니다. 현대 자연 과학은 우주의 발생을 다르게 생각합니다. 그럼에도 창조 이야기는 우리에게 본질적인 어떤 것을 보여 줍니다. 하느님께서는 모든 것을 창조하셨고 질서정연하게 배치하셨습니다. 성경에서 창조를 설명하는 순서와 현대 자연 과학의 인식은 분명히 상응합니다. 성경은 창조의 시작을 이렇게 표현합니다. "하느님께서 말씀하시기를 '빛이 생겨라.' 하시자 빛이 생겼다."(창세 1,3)

자연 과학자들도 이와 비슷하게 이해합니다. 즉 시작에 에너지가 있다는 것입니다. 하지만 창조 이야기에서 가장 중요한 내용은 "하느님께서는 이렇게 당신의 모습으로 사람을 창조하시되 남자와 여자로 그들을 창조하셨다."(창세 1,27)라는 것입니다. 이는 남자와 여자가 동등하며 각자가, 그리고 둘이서 함께 하느님의 모상이라는 사실을 보여 줍니다. 남자와 여자에게서 하느님 사랑의 일부가 드러납니다. 그리고 한 사람의 얼굴에 하느님의 얼굴이 반영됩니다. 창조 이야기에서는 인간이 존엄한 존재임을 말해 줍니다. 하느님께서는 모든 것이 좋고 아름답다고 보셨습니다. 그러기에 우리 인간 역시 좋고 아름답게 창조하셨습니다. 하느님의 아름다움은 우리가 사는 세상에 반영됩니다.

"하느님께서는 하시던 일을 이렛날에 다 이루셨다. 그분께서는 하시던 일을 모두 마치시고 이렛날에 쉬셨다."(창세 2,2)는 내용 역시 중요합니다. 일이 끝나자마자 다른 일에 또 매달리는 사람들이 있습니다. 이런 이들은 자신의 일을 제대로 완성하지 못합니다. 쉬지 않기 때문입니다. 이 창세기의 말씀은 휴식이 근본적으로 우리의 노동에 속한다고 말합니다. 휴식 없이 일을 완성할 수 없습니다. 왜냐하면 우리의 일이 미흡한 작품으로 남기 때문입니다. 감사하는 마음으로 일을 멈추고 즐기는 휴식은 근본적으로 일에 속하며 이로써 우리의 작업이 온전하게 됩니다. 이와 같이 창조 이야기는 세상의 기원에 관해서만이 아니라 인간의 신비와 우리 삶의 성취에 대해서도 말합니다.

2. 탈출 3,13-15

하느님께서는 불타는 떨기에서 모세에게 당신의 이름을 알려주시지만 이는 사람이 확정할 수 없는 이름입니다. "나는 있는 나다."(탈출 3,14) 이것은 이름 이상을 의미합니다. 이 이름 안에 하느님의 본성이 표현됩니다. 하느님께서는 언제나 계시는 분이시고 또한 온전히 그 자신이신 분입니다. 하느님께서는 언제나 현존하시며, 내가 있는 곳에 계십니다. 그분께서는 물러가지 않으십니다.

하느님의 자기 계시에는 인간 본질에 대한 부분도 드러납니다. 하느님께서 "나는 있는 나다."라고 하신 말씀은 '나는 나다'로 해석할 수 있습니다. 미국의 심리학자인 존 브래드쇼(John Elliot Bradshaw, 1933~2016년)는 다음과 같이 말합니다. "어린이는 자체로 영성적입니다. 왜냐하면 어린이는 '나는 나'라는 감수성을 가지고 있기 때문입니다. 그래서 어린이는 하느님에 대한 감각을 지닙니다." 브래드쇼는 수치심으로 가득 차 있고 위축된 어른들의 심리를 분석했습니다. 그의 분석에 따르면 이들은 어린 시절에 주변 사람들에게서 온전히 '나 자신' 그대로를 인정받지 못했기 때문이라고 설명합니다. 그러기에 하느님의 계시는 이러한 우리에 대해서도 진술합니다. 하느님께서 온전히 당신 자신이신 것처럼 우리도 우리의 참된 자아와 일치해야 합니다. 인도의 예수회 사제이자 영성가였던 앤소니 드 멜로(Anthony de Mello, 1931~1987년)는 '나는 누구인가?'라는 질문을 통해서 무엇이 '나'를 의미하는지를 보여 주시는 하느님의 신비에 도달할 수 있다고 말했습니다.

3. 탈출 20,1-7

많은 이들은 십계명을 반드시 지켜야 하는 의무라고 생각합니다. 하지만 십계명은 명령이 아니라 조언입니다. 하느님께서는 십계명을 통해서 어떻게 우리의 삶이 성취될 수 있는지를 조언하십니다. 그렇기 때문에 이스라엘 백성은 하느님께서 주신 조언인 십계명에 감사합니다. 십계명은 개인과 공동체 삶의 성취를 위한 전제입니다. 십계명의 시작에서 하느님께서는 "나는 너를 이집트

땅, 종살이하던 집에서 이끌어 낸 주 너의 하느님이다."(탈출 20,2)라고 소개하십니다. 그러므로 이 조언은 자유를 보장합니다. 하느님께서는 백성을 자유로 이끄셨습니다. 하지만 이 자유에 다시 노예 생활로 전락되지 않기 위한 방지틀이 필요합니다.

    십계명은 모든 이가 이해할 수 있는 조언이자 부모와 자식, 남자와 여자, 타인의 소유를 존중함으로써 사람들이 서로 사이좋게 지내도록 하는 조언입니다. 하지만 이 조언은 하느님과 우리의 관계에 대해서도 말합니다. 즉, 우리는 어떠한 하느님 상도 만들어서는 안 됩니다. 그분을 단정 지을 수는 없습니다. 이는 오늘날 우리에게도 해당됩니다. 우리가 표상 없이는 아무것도 말할 수 없기 때문에 표상으로 하느님에 대해 말해야 합니다. 하지만 동시에 하느님께서는 모든 표상 너머에 계시기에 하느님을 어떤 상으로 단정 지을 수 없다는 사실도 알아야 합니다. 또한 하느님과 우리의 관계도 안식일, 즉 휴식이 필요합니다. 하느님께서는 끊임없이 성과를 요구하는 분이 아니십니다. 하지만 우리 삶을 스스로 가꾸라고 요구하십니다. 하느님께 드리는 경배는 항상 인간에게도 유익합니다. 우리가 그분을 경배하면서 온전한 휴식을 누릴 수 있기 때문입니다.

4. 신명 6,4-6

유다교의 신앙 고백은 "이스라엘아, 들어라! 주 우리 하느님께서는 한 분이신 주님이시다."(신명 6,4)입니다. 이 문장은 유다인들에게 매우 중요하고 또 많이 낭독됩니다. 예수님도 몸소 이 문장을 말씀하셨습니다. 어느 율법학자가 예수님께 가장 중요한 계명을 물었을 때, "이스라엘아, 들어라. 주 우리 하느님께서는 한 분이신 주님이시다. 그러므로 너는 마음을 다하고 목숨을 다하고 정신을 다하고 힘을 다하여 주 너의 하느님을 사랑해야 한다."(마르 12,29-30)라고 말씀하셨습니다.

하느님께서 유일하시다는 말은 타자와의 구별이나 독선적 표현이라기보다 사랑의 표현입니다. 내가 사랑하는 사람이 나에게 유일하듯이 하느님께서는 내게 유일한 분이셔야 합니다. 그러므로 모든 사고와 감정이 하느님을 향해야 합니다. 문제는 우리가 어떻게 하느님을 사랑할 수 있는지입니다. 성경은 우리 마음과 영혼, 사고와 감정 등 모든 갈망을 하느님께 향하는 것을 하느님 사랑이라고 말합니다. 하지만 우리 자신을 온전히 하느님께 향하고, 우리의 모든 것을 열어 보인다면 오직 그분만이 우리의 깊은 갈망을 채워 주실 수 있을 것입니다.

5. 마태 5,1-12

예수님께서는 산상 설교에서 여덟 가지 참행복을 말씀하십니다. 우리는 이 산상 설교를 모세 율법서에 대한 새로운 해석으로 이해할 수 있습니다. 마태오 복음사가는 자신의 복음서에서 예수님의 다섯 담화집을 오경에 대한 응답으로 전해 줍니다. 모세가 산에서 하느님의 가르침을 받은 것처럼 예수님도 산에서 삶의 길을 가르치십니다. 우리는 여덟 가지 참행복을 예수님의 길로 이해할 수 있습니다. 그리고 이것을 부처님이 가르치신 팔정도*에 대한 예수님의 답으로도 이해할 수 있습니다. 만약 산상 설교를 전하는 마태오 복음사가가 불교의 가르침을 알았다면, 예수님의 행복 선언에서 동방의 지혜와 서방의 지혜가 서로 연결된다고도 볼 수 있습니다.

오늘날 '행복'을 주제로 한 많은 책에서는 우리가 스스로 행복의 길을 마련할 수 있다고 말합니다. 또한 이상적인 세계를 제시하거나 지키기 힘든 약속으로 독자를 현혹하기도 합니다. 예수님께서는 우리가 가난과 곤경, 슬픔과 박해 등 어느 상황에서도 행복한 삶으로 나아가도록 구체적이고 현실적인 방법을 보여 주십

---

* 부처의 가르침 중 하나로, 깨달음과 열반으로 이끄는 올바른 여덟 가지 길을 뜻한다. ─ 편집자 주

니다. 이 길의 목적지를 복음서에서는 '마카리오스'라는 단어로 표현합니다. 이 그리스어 단어는 올림포스산에 사는 신들의 행복, 즉 외적인 행복이 아니라 하느님에게서 우리에게 선사되는 행복이며 그 안에서 치유하고 해방시키시는 하느님을 우리가 체험할 수 있는 행복을 말합니다.

예수님께서는 마음이 가난한 사람들, 아무것에도 매여 있지 않고 내적으로 자유로운 이들은 행복하다고 선언하십니다. 자신이 놓친 삶의 기회와 남들보다 잘나지 못함을 슬퍼하는 이는 위로를 받을 것입니다. 온유한 이들, 의로움에 주리고 목마른 이들, 자비로운 이들, 폭력을 사용하지 않고 평화를 이루는 이들은 행복합니다. 그리고 마음이 깨끗한 사람들, 하느님을 찾으면서 이기적인 저의로부터도 자유로운 사람들은 행복합니다. 의로움 때문에 박해를 받는 사람들조차도 삶이 성취되는 길을 찾을 수 있습니다. 왜냐하면 그들 안에 있는 하늘나라는 온갖 박해와 상처에서 자유롭기 때문입니다. 이렇게 예수님께서는 우리가 처한 어떠한 상황에서도 행복의 길을 찾을 수 있는 방법을 보여 주십니다.

6. 마태 6,7-13

예수님께서는 제자들에게 어떻게 기도해야 하는지 알려 주셨습니다. 많은 말로 하느님을 움직이려는 것이 기도가 아닙니다. 기도는 많은 말이 필요 없습니다. 몇 마디 말로도 충분합니다. 예수님께서는 짧은 문장으로 따라 하기 쉽게 주님의 기도를 알려 주셨습니다. 그 안에 우리의 영혼을 움직이는 것들이 몇 개 있습니다. 우선 이 기도에는 아버지이신 하느님께 대한 우리의 갈망이 드러나 있습니다.

하느님께서는 우리 모두의 아버지이십니다. 우리는 모든 사람과 연대감을 느낄 때만 예수님의 영 안에서 기도할 수 있습니다. 아버지의 이름을 거룩히 드러낸다는 것은 하느님께서 우리 삶의 중심에 계실 때 스스로가 중심을 찾는다는 것입니다. 우리는 아버지의 나라가 오기를, 감히 이 세계를 지배한다고 주제넘게 생각하는 모든 권력자들이 권좌에서 물러나고 하느님의 영이 채워지도록 기도합니다. 그리고 우리가 사는 세상과 삶에서 하느님의 뜻이 이루어지길 기도합니다. 몇몇 사람들은 하느님께서 자의적이시므로, 그분의 뜻이 우리를 해칠 수 있다고 생각합니다. 그래서 이렇게 기도하는 것을 두려워하곤 합니다. 하지만 하느님께서 진정으로 바라시는 것은 우리가 온전히 본질에 맞갖게 사는 것입니다. 그분은 삶에 대한 고정관념에서 우리를 해방시키십니다.

우리는 또한 일용할 양식과 삶에 필요한 모든 것을 청할 수 있습니다. 또한 용서를 청하면서 용서할 준비가 되어 있다고 고백합니다. 용서 없이 삶은 성취되지 않습니다. 용서가 없다면 내게 상처를 준 사람에게 늘 매여 있게 됩니다. 용서는 내면의 해방이자 치유 행위입니다. 하느님께서 우리를 유혹에서 지켜 주시고, 악에서 구해 주시길 청합니다. 이처럼 인간은 온갖 시험과 유혹에서 위협을 받지만, 하느님께서는 우리를 지켜 주십니다.

주님의 기도는 예수님뿐만 아니라, 2천 년 전부터 이 기도에 따라 훌륭히 살았던 모든 이를 통해 풍성해졌습니다. 우리는 주님의 기도를 바치면서 선조들이 지녔던 신앙을 공유합니다. 우리는 죽은 이들이 이제 하느님을 바라보는 이로서 이 기도를 바치고, 살아 있는 이들은 부족한 인간으로서 이 기도를 바친다고 생각합니다. 이와 같이 우리는 기도 안에서 죽은 이들의 바라봄을 공유할 수 있습니다.

7. 필리 2,6-11

바오로 사도는 이 구절에서 초기 그리스도교 찬미가를 사용합니다. 즉, 이는 예수님께서 돌아가시고 부활하신 직후 시대에 쓰이던 오래된 표현입니다. 여기에서 하느님과 같은 분이시지만 당신 자신을 비우시어 종의 모습을 취하셨다는 예수님의 신비가 묘사십니다. 예수님께서는 죽음이라는 우리 삶의 바닥에까지 내려오셨고, 이를 통해 우리의 죽음을 변화시키셨습니다. 그래서 하느님께서도 그분을 드높이 올리셨습니다. 이제 모든 사람과 모든 존재가 무릎을 꿇고 예수님을 경배하고 "예수 그리스도는 주님이십니다."라고 고백해야 합니다.

여기서 우리 신앙의 핵심이 찬미가로 노래됩니다. 우리는 신앙에 대해 표상으로만 노래할 수 있습니다. 신학자들은 "예수님께서 자신을 비우시어 종의 모습을 취하고 사람들과 같이 되셨다."라는 말씀을 깊이 숙고했습니다. 예수님께서는 당신의 삶에서 당신의 신성을 드러내지 않으셨습니다. 그분께서는 온전히 인간이셨고, 심지어 우리를 섬기는 종이 되셨습니다. 이처럼 예수님께서는 인간이 되시어 우리의 바닥까지 내려올 준비가 되어 있으셨습니다. 바로 이 점 때문에 하느님께서는 그리스도를 하늘 위로 드높이신 것입니다.

교부들은 이 내용을 우리를 위한 표상으로 삼았습니다. 심리학자인 융이 '그늘'이라고 칭한 것처럼 우리 영혼의 심연으로 내려갈 준비가 되어 있을 때만 하느님께 오를 수 있습니다. 우리 존재의 심연이 하느님의 빛으로 채워졌을 때, 비로소 우리를 끌어내리는 무거운 중력에서 벗어날 수 있습니다. 그리고 온전히 하느님께

오를 수 있게 됩니다.

8. 묵시 21,1-4

요한 묵시록은 초세기 그리스도인들이 처해 있었던 곤경과 그와 유사한 오늘날 우리의 곤경도 묘사합니다. 묵시록 저자는 이 세상이 더 이상 구원될 수 없다고 확신하며 멸망해야 한다고 여겼습니다. 여기서 말하는 세상은 우주가 아니라 지금 우리가 살고 있는 세상입니다. 우리가 규정하는 그 기준에 따라 성공과 투쟁, 전쟁이 만연하는 세상이지요. 하지만 세상 멸망은 한 축에 불과합니다. 다른 한 축은 우리에게 참된 구원에 대한 희망이 있다는 것입니다. 묵시록에서는 "새 예루살렘", "신랑을 위하여 단장한 신부" 등으로 구원을 묘사합니다. 구원이 되면 하느님께서 몸소 우리 가운데 사시며, 우리 눈에서 모든 눈물을 닦아 주시고, 다시는 슬픔도 울부짖음도 없을 것입니다.

이것은 희망을 상징합니다. 또한 현실에서 도망치도록 우리를 미혹하지 않습니다. 오히려 고통으로 가득 찬 이 세상을 견디도록 합니다. 왜냐하면 지금의 고통이 전부가 아니며 새로운 세계가 우리를 기다리고 있음을 알기 때문입니다. 초기 교회는 "새 예루살렘"을 특별히 성당 앞쪽 둥근 천정에 황금빛 모자이크로 새겨 놓

앉습니다. 그 당시 전례에 참여한 모든 이는 이 그림을 보면서 희망을 가졌습니다. 한편으로 이것은 모든 곤경이 지나간 후에 우리가 기대하는 것에 대한 약속이었습니다. 초기 그리스도인들은 이미 이곳에서 다시는 슬픔도 울부짖음도 없게 될 새로운 세상을 체험했습니다. 이와 같이 그들은 전례에 참여하면서 하느님께서 자신들의 눈물을 닦아 주시는 것을 체험했고, 고난 가운데서도 위로와 희망을 느꼈습니다.

제6장

교회

모든 이들의 신앙 공동체

세상에는 왜 교회가 많은가요?

　이미 초기 교회 때, 성경에 대한 신학적 해석을 둘러싼 논쟁이 있었습니다. 특히 예수 그리스도 안에서 이루어진 하느님의 육화에 대한 논쟁이 치열했습니다. 그래서 모든 이가 이에 합의할 수 있는 신앙의 공동 토대를 마련하기 위해 부단히 노력했습니다. 일례로 니케아 공의회(325년)와 이후 콘스탄티노플리스 공의회(381년)에서 작성되고, 오늘날 주일 미사 중에 바치는 '신앙 고백'(신경)이 이러한 노력의 결과였습니다.

　다양한 신학적 해석과 더불어 정치적 이해관계도 하나인 교회 안에서 분열을 야기했습니다. 예를 들어 동방 교회와 서방 교회의 분열(1054년)에서 그러한 일이 벌어졌습니다. 겉으로는 성령께서 성부로부터만 발하시는지, 아니면 성부와 성자에게서 발하시는지에 관련된 신앙 고백이 문제였습니다. 하지만 그 이면에는 서로마 황제와 동로마 황제의 권력 투쟁이 있었습니다. 16세기 종교 개혁 시대에도 이와 비슷했습니다. 참회 행위를 통해서나 돈을 치름으로써 은총을 얻을 수 있었던 대사부 판매와 같은 행위가 문제가 되어 개혁이 강하게 요구되었습니다. 신앙이 물질적인 것으로 변형되었기 때문이었습니다. 여기에는 정치적 이해관계도 작용했습니다. 독일 제국의 제후들은 이 종교 개혁을 자신들에게 점점 더 많은 요구를 해 오는 로마 교황에게서 갈라설 기회로 삼았습니다. 특히 더 많은 교회와 신앙 공동체가 훗날 개신교 지역에서 생겨났습니다. 왜냐하면 교회의 세속화를 거스르고 더욱 순수한 신학을 위해서 투신했던 종교 개혁자들이 계속 있었기 때문입니다.

오늘날 우리는 많은 교회와, 교회의 분열이 그리스도인뿐만 아니라 그리스도의 가르침을 세상에 증언하는 데에 바람직하지 못하다고 느낍니다. 그래서 백여 년 전부터 여러 교회를 다시 가까이 모으려는 '그리스도인 일치 운동'이 펼쳐지고 있습니다. 모든 그리스도인을 하나의 교회로 합치는 일은 환상일 수 있습니다. 하지만 다양함 속에서도 일치를 강조하고 다함께 이 세상에서 그리스도교 신앙을 증언해야 합니다.

수백 년 동안 다양한 그리스도교 신학과 영성과 전례가 형성되었습니다. 이러한 여러 전통은 풍요롭습니다. 이 전통은 서로를 반대하는 가운데에서 이어지는 것이 아니라, 협력하며 이어져야 합니다.

그리스도교 신앙에 교회가 반드시 있어야 하나요?
교회답다는 것은 무엇이며, 교회 없이도 신앙생활을 할 수 있나요?

초기 그리스도인들에게 교회는 신앙의 본질적 요소였습니다. 교회는 신앙인들의 공동체였습니다. 유다인이나 그리스인, 남자와 여자, 노인과 젊은이, 가난한 이와 부유한 이가 함께하는 교회는 초기 그리스도인들에게 하느님 나라가 도래했다는 사실을 상징했습니다. 그 당시 사람들은 교회를 기관보다는 함께하는 영적인 체험으로 이해했습니다. 사람들은 성전에서 함께 기도했고, 이집 저집에 모여서 빵을 떼어 나누며 예수님의 죽음과 부활을 기념했습니다. 모임은 영적인 체험의 장소인 동시에 신앙이 활력을 얻고 체험된 장소였습니다.

오늘날의 교회는 공동체 안에서 신앙생활을 하는 것을 의미합니다. 예를 들면 축일을 교회 공동체와 함께 기념하는 것이 이 경우에 해당됩니다. 우리는 주님 성탄 대축일이나 주님 부활 대축일에 예수님의 탄생과 부활을 기념합니다. 이를 진정으로 기쁘게 보내기 위해서는 함께 예식에 참례하는 공동체가 있어야 합니다. 교회는 이처럼 세속화된 세상 안에서 신앙생활을 하려면 다른 신앙인들의 도움이 필요하다는 것을 보여 줍니다.

물론 우리는 교회 없이도 신앙생활을 할 수 있습니다. 왜냐하면 신앙은 하느님을 향한 개인의 결단이기 때문입니다. 하지만 우리는 사회적 존재입니다. 믿음을 위해서, 신앙을 이야기하고 함께 나눌 수 있는 다른 사람이 필요합니다. 만일 신앙이 신념에만 국한된다면 신앙은 퇴색할 위험에 처합니다. 따라서 신앙과 관련된 의견 교환이 필요합니다. 또한 신앙을 강화하는 공동의 예식을 거행할 필요가 있습니다. 만일 신앙이 개인적인 신념에만 머문다면 신앙은 세상에서 자신의 힘을 드러내지 못할 것입니다.

많은 이들이 신앙 안에서 고유한 문화를 형성합니다. 그리고 이 신앙의 문화는 사회에 영향을 끼칩니다. 신앙인들이 자신의 신앙을 함께 증언할 때 이것은 사회가 간과할 수 없는 실재가 됩니다. 신앙인들은 점점 세속화되는 사회에서 하늘을 열어 놓습니다. 이러한 식으로 신앙인들은 예수님께서 비유로 표현하셨듯이 우리 사회를 위한 희망의 누룩이 됩니다.

제2차 바티칸 공의회(1962~1965년)에서는 히브리인들에게 보낸 서간을 참작하여 교회를 "순례하는 하느님 백성"으로 묘사했습니다. 우리는 함께 순례하면서 서로 의견을 나눕니다. 하지만 동시에 이 지상에 있는 많은 사람들과 비신앙인들과도 함께 순례합니다. 우리는 우리와 함께 순례하는 이들이 필요합니다. 지친 순간에 따스한 손길을 내미는 이들, 길을 잃었을 때 옳은 길을 가르쳐 주는 이들, 원하는 목적지까지 함께하는 이들이 필요합니다. 궁극적으로 이것이 교회의 의미입니다. 교회는 함께 그리스도인의 길을 가는 모든 이의 신앙 공동체인 것입니다.

교회의 과오가 우리를 신앙과 멀어지게 하지는 않았나요?

교회는 사람들의 공동체입니다. 사람이 모여 사는 곳이면 어디서나 인간적인 약점과 더불어 권력을 경험합니다. 그러나 교회의 과오는 개별 인간에 의해서만 저질러지지 않았습니다. 분명히 종교적인 구조가 하느님의 이름으로 인간에게 파괴적인 방식의 권력을 행사하기 쉽게 만들었습니다. "최상의 것의 부패는 최악이다corruptio optimi pessima."라는 라틴어 격언이 있습니다. 정치권력과 개인의 권력이 종교적으로 고양되면 사람들은 선을 내세운 악에 눈멀게 됩니다. 그렇게 되면 사람들은 가해자나 피해자가 되어도 이는 하느님의 뜻을 이루기 위한 일이라고 합리화합니다. 이처럼 종교는 분명히 눈을 멀게 할 위험을 지닙니다. 그렇게 되면 신앙의 이름으로 눈먼 인간이 다른 이들에게 가하는 악은 매우 심각해집니다.

교회가 신앙과 선교를 빌미로 종종 정치권력과 야합한 적이 있습니다. 예를 들면 카를 대제 치하에서 이루어진 작센 지방 선교(772~804년)에서 무자비한 일이 벌어졌고, 16세기 이래 라틴 아메리카의 선교에서도 같은 일이 일어났습니다. 물론 오로지 신앙을 전달하고 인간답게 살 수 있도록 다른 이들을 도왔던 선교사들도 많았습니다. 하지만 그 당시 스페인과 포르투갈의 권력자들은 자신의 정치적 목적을 위해 선교를 악용하고 왜곡했고, 교회의 실세들은 영향력과 권력을 둘러싼 경쟁에 노골적으로 참여했습니다. 십자군 전쟁(11~14세기)도 이와 유사합니다. 이 전쟁은 처음에는 분명 순수한 영적인 목표를 지녔지만, 점차 개인의 욕구와 다양한 무리의 권력 욕구와 혼합되어 사람들에게 많은 불행과 고통을 주었습니다.

우리는 14세기 이래 오랫동안 지속되었던 마녀사냥을 알고 있습니다. 마녀사냥은 여성과 초자연적인 것에 대한 두려움에서 비롯되었습니다. 또한 많은 여성들에게 헤아릴 수 없는 고통을 가하고 그들의 목숨을 앗아 갔습니다. 사람들은 마녀 재판에서 종교적인 맹목이 인간을 얼마나 잔인하게 만드는지를 분명히 보았습니다. 종교 재판관들은 하느님의 이름으로 행동한다고 생각했기에 그들의 행동은 더 비난받아야 마땅했습니다.

교회인 우리는 이러한 과오를 잊어서는 안 됩니다. 오히려 이 과오를 겸손하게 고백해야 합니다. 동시에 매순간 진정한 그리스도인들이 용맹히 저항했고, 정의를 위해 투쟁했다는 사실을 잊지 않아야 합니다. 그리고 이 사실에서 용기를 얻어 우리도 범죄를 거슬러 저항해야 합니다. 많은 예수회 선교사들이 라틴 아메리카에서 원주민과 그들의 문화를 지키기 위해 노력하고 희생했던 예가 그러합니다. 또한 예수회원 프리드리히 폰 슈페(Friedrich von Spee, 1591~1635년)는 마녀 재판 반대에 목소리를 높였습니다. 수많은 성인들도 자신들의 시대에 있던 어려움을 인식하고 가난한 이들과 병자들을 위해서 모범적으로 헌신했습니다.

정확히 바라보면 교회의 과오는 신앙에 불리하게 작용하지 않습니다. 하지만 그 과오는 우리에게 신앙의 왜곡이 얼마나 쉽게 일어날 수 있는지 분명히 가르쳐 줍니다. 그러므로 그러한 과오가 일어나지 않도록 경계해야 합니다. 오늘날 그리스도교에서도 폭력을 사용하는 데 주저하지 않는 근본주의자들이 있습니다. 그러므로 신앙이 다른 욕구와 섞이지 않도록, 예를 들어 권력이나 독선, 어두움에 대한 두려움과 섞이지 않도록 주의와 명료함이 필요합니다. 특히 사람들은 자기 마음에 있는 어두움을 하느님께 맡

기시 않고 다른 사람에게 투사합니다. 다른 이들을 악마로 낙인찍는 사람들은 흔히 자기 마음속에 있는 악마 앞에서 두려움을 지닙니다.

교회는 참된 개혁 의지를 지니고, 교회의 지체로 자행된 불의에 마주할 때만 신뢰를 회복하고 복음을 선포할 수 있습니다. 교회는 스스로도 지킬 수 없는 윤리를 사람들에게 요구하며 그들 앞에 나서고 있지는 않은지 성찰하며 민감해져야 합니다. 그러므로 겸손과 솔직함으로 신앙을 선포해야 합니다. 한 인간을 신앙으로 사로잡은 후 자신의 욕구를 위해 이용할 위험은 분명히 존재합니다. 겸손은 자기 영혼의 심연과 마주하고 교계적 구조 안에 있는 위험을 발견하게 합니다. 또한 겸손은 교회가 신앙의 선포로 사람들의 마음에 도달하고 우리가 기쁨 속에서 선한 삶을 영위하기 위한 전제이기도 합니다.

제7장

죽음

영원한 생명으로 나아가는 길

우리가 태어나기 이전의 삶과 죽음 이후의 삶이 있나요?

그리스 철학자 플라톤은 신이 인간의 이데아를 만들었고 이 이데아는 인간의 출생 이전에 존재하며 탄생하는 순간 한 인간 안에서 구현된다는 이론을 세웠습니다. 그리스도교 신학은 이를 다르게 봅니다. 그리스도교 신학은 영혼이 자궁에 수태되는 순간 창조되며 죽음으로써 육체와 분리될 때까지 육체와 불가분하게 결합되어 있다고 말합니다. 하지만 그리스도교 신학에서는 에페소 신자들에게 보낸 서간의 말씀도 숙고됩니다. 하느님께서는 "세상 창조 이전에 그리스도 안에서 우리를 선택하시어, 우리가 당신 앞에서 거룩하고 흠 없는 사람이 되게 해 주셨습니다."(에페 1,4) 하느님께서는 세상 창조 이전에 우리를 생각하셨습니다. 그분께서는 우리를 예견하셨고 선택하셨습니다. 하지만 그로부터 그리스도교 신학에서 '영혼의 선재'*라는 교리는 발전되지 않았습니다.

또한 그리스도교 신학에서는 죽음 이후의 삶이 있다고 말합니다. 하지만 이 진술은 명료하지 않습니다. 지상에서의 삶과 유사한, 죽음 이후에 이어지는 삶은 없습니다. 오히려 죽음은 인간의 완성입니다. 죽음 이후에는 더 이상 시간이 없고 영원만이 있을 뿐입니다. 죽음으로써 인간은 하느님과 결합됩니다. 그리고 하느님 안에서 인간은 영원히 삽니다. 영원은 오랜 시간이 아니라 가장 높은 현존으로 이해됩니다. 인간은 하느님 안에서 온전히 자신이 되고 온전히 현재 안에 머무릅니다. 그때에는 과거도 미래도 더 이상 없습니다. 인간은 과거를 통해 그 모습을 갖추었지만 이제 온전히 지금 여기에 있습니다.

많은 이들이 죽음 이후의 삶이 있는지 묻습니다. 죽음 이후의 삶을 생각하는 것이 무의미하다고 매도해 버리는 경우도 종종 보게 됩니다. 저는 이 문제에 대해 융과 같은 입장입니다. 그는 다음과 같이 말했습니다. "나는 심리학자로서 죽음 이후의 삶이 있는지 증명할 수 없습니다. 하지만 영혼의 지혜를 인정합니다. 영혼

---

* 영혼이 육체와 별도로 먼저 존재하고 있다가 잉태 또는 출산과 함께 육체와 결합된다는 교리이다. — 편집자 주

의 지혜는 죽음이 마지막이 아니라 완성이라는 사실에서 출발합니다. 내가 심리학자로서 영혼의 지혜를 거스른다면 수많은 이성적인 근거를 제시한다고 할지라도 불안해서 안절부절못하고 신경질적이 될 것입니다. 그러므로 우리가 죽음으로 완성되고 새로운 방식으로 계속 존재하리라고 믿는 것이 인간 영혼의 본성과 그 지혜에 상응합니다."

영원한 생명이 있나요?
영원한 생명이 나에게 어떤 의미를 주나요?

영원한 생명은 있습니다. 예수님께 영원한 생명은 우리가 여기서 경험할 수 있는 삶의 새로운 특성을 말합니다. 예수님께서는 이렇게 말씀하십니다. "내 말을 듣고 나를 보내신 분을 믿는 이는 영생을 얻고 심판을 받지 않는다. 그는 이미 죽음에서 생명으로 건너갔다."(요한 5,24) 예수님을 믿는 이는 이미 그 안에 영원한 생명을 지닙니다. 이것은 이미 지금 지상의 것을 넘어 하느님의 영원에 도달하는 생명입니다. 우리가 여기서 체험하는 이 영원한 생명은 죽음을 견디어 냅니다. 이 생명은 죽음으로 소멸되지 않습니다. 우리가 온전히 이 순간에 있을 때나 시간이 멈추는 느낌이 들 때처럼 가끔 영원을 체험할 수 있습니다. 그러면 시간과 영원이 같아짐을 체험합니다.

제게 영원은 지금 이 시간의 한 가운데에서 시간을 넘어서는 것에 참여함을 의미합니다. 만일 내가 하느님 안에 있으면 이미 영원에 다다른 것이고, 그 영원함은 이미 내 안에 있는 것입니다. 6세기의 그리스도교 철학자 보에티우스(Anicius Manlius Torquatus Sererinus Boethius, 480~524년)가 제시한 정의는 유명합니다. 영원은 "유일회적이면서 모든 것을 포괄하는 현재에 주어진 무한한 삶의 완벽한 소유다." 그러므로 온전히 현재에 있고 순수한 존재일 때 우리는 영원을 지금 여기서 체험할 수 있습니다.

우리는 죽음 이후에 만나게 될 영원한 생명도 이야기합니다. 이는 우리가 하느님의 사랑과 떨어질 수 없으며, 이 사랑은 오히려 죽음을 통해 드러날 것임을 의미합니다. 이를 통해 하느님과 인간, 시간과 영원이 하나임을 직관하게 될 것입니다. 영원에 대한 생각은 현재 지금 이 순간 나를 소외시키지 않습니다. 오히려 영원한 생명은 온전히 현재에 있으면서 내 안에서 그 생명을 영위한다는 것을 의미합니다. 그러면 죽음이 무엇인지를 예감하며, 이는 순수한 현존과 온전히 현재에 있으면서 온전히 하느님 안에 있는 것임을 깨닫게 될 것입니다.

세상 마지막 날이나 내 인생 끝에는 심판이 기다리고 있나요?

　성경에서는 우리가 죽을 때 하느님의 심판을 받는다고 말합니다. 하지만 하느님의 심판을 충분과 불충분에 대한 법적 선고로 이해해서는 안 됩니다. 가장 중요한 것은 판결이 아니라 하느님을 향하게 하는 것입니다. 그렇기 때문에 심판에는 두 가지 기능이 있습니다. 그 하나는 정의를 향한 우리 갈망의 충족이며 다른 하나는 가해자도 심판을 통해서 자신을 하느님께 향할 수 있다는 희망입니다.

　그러므로 심판은 피해자와 가해자를 위한 희망의 상징입니다. 만일 가해자가 아무런 문제없이 바로 천국에 들어간다면 피해자에게 견딜 수 없는 일일 것입니다. 하지만 가해자가 심판의 순간에 하느님을 찾는다면, 피해자와 가해자 모두 하느님 안에서 하나가 되는 것이 가능합니다. 피해자도 하느님을 바라보고 서야 합니다. 가끔 사람들은 저에게 "저는 천국에 정말로 가고 싶지만 거기서 제가 싫어하는 이들을 만나고 싶지는 않습니다."라고 말합니다. 이는 다른 사람들에 대한 자신의 선입견과 공격적인 태도에 사로잡혀 있다는 사실을 보여 줍니다.

심판은 모든 사람이 하느님 앞에 설 수 있는 기회를 제공합니다. 하지만 모두가 천국에 간다는 보장은 없습니다. 우리가 제대로 살지 못할수록 심판은 더 고통스러울 것입니다. 그래서 예수님께서는 우리가 심판을 회피할 가능성이 있다고 말씀하십니다. 심판을 회피한 사람들은 이미 스스로를 심판하고 판결한 것입니다. 즉 심판에서뿐만 아니라 영원한 생명에서도 자신을 배제했다는 의미에서 그들은 이미 심판을 받은 것입니다.

죽은 이들은 어디에 살고 있나요?
그들은 실제로 죽은 것이 맞나요?

    죽은 이들은 어느 특정한 장소에 살지 않습니다. 그들은 오로지 하느님 안에서 그분과 결합되어 있고, 오로지 하느님 안에서 살아 있습니다. 물론 죽은 이들이 지상에서 사는 것처럼 있지는 않습니다. 하지만 그들은 죽었지만 살아 있습니다. 왜냐하면 그들은 하느님 안에서 참된 생명을 찾았기 때문입니다.

천국과 지옥은 무엇인가요?

신학에서 말하는 천국은 하느님과 하나 됨을 의미합니다. 하느님 안에서 우리는 천국에 있습니다. 지옥은 하느님에게서 배제되는 것을 의미합니다. 오직 이 두 가지 길만이 있을 뿐 이와 별개인, 죽은 이들의 영역은 따로 없습니다. 왜냐하면 죽음 앞에서 내가 천국 혹은 지옥에 갈지 결정되기 때문입니다. 여기서 우리는 이것을 하느님의 자의적인 판단으로 생각해서는 안 됩니다. 우리는 죽음에서 하느님을 절대적인 사랑으로 만날 것입니다. 또한 이 사랑 앞에서 자신의 고유한 진리와 마주하고 하느님께서 우리에게 기대하신 바에 많은 부분에서 못 미쳤다는 사실을 깨닫게 될 것입니다. 이 깨달음은 고통스럽습니다. 과거에 사람들은 이 사실을 '연옥'으로 설명했습니다. 하지만 연옥은 장소도 아니고 기간노 아닙니다. 라틴어를 사용하던 이들은 '불'이 아니라 '푸르가토리움purgatorium'을 말했는데 이는 '정화'와 같은 의미입니다. 영혼의 정화는 하느님 사랑과 만남으로써 이루어집니다. 우리가 하느님과 사랑에 빠지게 되면 내 안의 참된 모습을 흐리게 하는 때묻은 것이 모두 정화됩니다. 그러면 하느님 안에, 즉 천국에 있게 되는 것입니다. 이 사랑을 받아들이지 않는 이는 하느님과 공동체에서 자신을 배제합니다. 이 사실을 그리스도교 전통에서는 지옥으로 표시합니다. 우리는 지옥을 상상할 수 없습니다. 지옥은 영원히 생명에서 배제된 것을 의미합니다.

그리스도교 신학은 지옥의 존재 가능성을 가르쳐 왔고, 예수님 또한 이에 대해 말씀하셨습니다. 그분은 "의식을 가지고 살아라. 조심해라. 회개해라. 너는 실패할 수 있다. 너는 네 자신을 소외시켜 닫힌 문 앞에 서게 될 수 있다."라고 말씀하십니다. 이는 우리 내면과 접촉하라는 권고입니다. 이 의미를 깨닫지 못하면 더 이상 바깥으로 나가는 통로를 찾지 못할 수도 있습니다.

지옥도 이와 마찬가지입니다. 지옥은 우리에게 경고의 표상입니다. 언젠가는 돌이키기에 너무 늦은 때가 찾아올 수 있습니다. 동시에 우리는 하느님의 사랑 앞에서 이 사랑을 선택할 거라고 희망해야 합니다. 누구도 자신의 진리를 벗어나서 하느님께 다다를 수는 없습니다. 만약 내가 나의 본질에 맞갖게 살지 않았거나 하느님 뜻에 따라 살지 않았다면, 하느님과의 만남과 그분의 사랑을 통한 정화는 고통스러울 것입니다.

많은 피해자들을 위한 정의는 언제 실현되나요?

철학자 호르크하이머는 가해자가 승리를 거두지 못하는 것을 정의의 근본 특징으로 보았습니다. 그렇지만 세상을 살다 보면 가해자가 승리를 거두는 모습을 더 자주 봅니다. 하지만 그 승리는 영원한 것이 아닙니다.

한 예로, 나치 시대를 상기해 볼 수 있습니다. 전범자들은 유다인들을 비롯해 많은 이들을 학살하며 승리를 거뒀다고 생각했습니다. 하지만 결국 법정에 섰고 처벌을 받았습니다. 이들은 대부분 사형이나 종신형을 받았고, 적어도 내적인 공허함과 무의미함으로 자신들의 승리에 대한 값비싼 대가를 치러야 했습니다.

죽음을 통해 하느님의 정의가 실현되고 가해자가 피해자에게 더 이상 승리를 거둬서는 안 된다는 근본적인 욕구가 우리 안에서

꿈틀거립니다. 보상의 정의가 있어야 한다는 것은 인간의 원초적인 욕구입니다. 우리가 이 정의를 여기서 체험할 수 없다면 죽음에서 그 정의가 주어질 것입니다. 성경에서는 모든 사람이 죽음에서 마주서게 될 심판에 대해 말합니다. 거기서는 이곳 지상에서 청산되지 못한 것이 청산될 것입니다.

시편 1편 5절에서는 이 심판과 관련해서 "그러므로 악인들이 심판 때에, 죄인들이 의인들의 모임에 감히 서지 못하리라."라고 말합니다. 시편 76편 10절에는 "세상의 가난한 이들을 모두 구하시려 하느님께서 심판하러 일어나실" 거라는 내용이 있습니다. 하느님께서 이미 여기, 즉 지상에서 심판을 내리신다는 말씀입니다. 하지만 예수님께서는 죽음 이후에 우리를 기다리는 심판에 대해서도 말씀하십니다. "사람들은 자기가 지껄인 쓸데없는 말을 심판 날에 해명해야 할 것이다."(마태 12,36) 그리고 요한 묵시록에도 "죽은 이들은 책에 기록된 대로 자기들의 행실에 따라 심판을 받았습니다."(묵시 20,12)라는 구절이 있습니다.

제8장

실천

그리스도인의 희망을 선포하는 길

그리스도인이 지녀야 하는 삶의 기본자세와 특성은
무엇인가요?

바오로 사도는 코린토 신자들에게 보낸 첫째 서간에서 믿음과 희망과 사랑을 그리스도인의 기본자세로 묘사합니다. 그리스도인이 애초부터 이 자세에 따라 살 수 있는 것은 아닙니다. 하지만 그리스도인은 이 자세를 실천하도록 노력해야 합니다. 그 하나하나의 의미는 다음과 같습니다. 첫 번째, 그리스도인은 하느님뿐만 아니라 인간을 믿도록 노력해야 합니다. 그리스도인은 신뢰에 가득 찬 자세로 생활하고 일하며 사람들을 만납니다.

두 번째, 희망은 기대와는 조금 다른 것입니다. 기대는 특정한 표상과 연결되어 있고 희망은 우리가 보지 못하는 것과 관련됩니다. 또한 희망은 언제나 다른 사람과 인격적 관계를 의미합니다. 프랑스의 철학자인 가브리엘 마르셀(Gabriel Marcel, 1889~1973년)은

"내가 너를 희망하고 내가 너를 위해 희망하는 것이 희망의 본질"이라고 말합니다. 희망은 나의 개인 생활과 내가 나 자신을 대하는 방식에 영향을 줍니다. 그래서 질병이나 실패로 지금까지 걸어온 길에서 떨어져 나간다 할지라도 내 삶이 성취되기를 희망하며, 비관적인 생각을 버리고 희망의 언어로 말하고자 노력합니다.

베드로 사도의 첫째 서간은 그리스도인의 희망을 당시 사회에서 그리스도인들을 분간하는 핵심적인 자세로 여깁니다. "여러분이 지닌 희망에 관하여 누가 물어도 대답할 수 있도록 언제나 준비해 두십시오. 그러나 바른 양심을 가지고 온유하고 공손하게 대답하십시오."(1베드 3,15-16) 분명 그리스도인들을 고취시켰던 희망이 그 당시 사람들에게 궁금증을 갖게 했습니다. 우리는 희망을 품고 온유하게 말하면서 그리스도인의 희망을 보여 주어야 합니다.

세 번째 자세는 사랑입니다. 이것은 하느님께 대한 사랑, 이웃 사랑, 자기 자신에 대한 사랑을 말합니다. 또한 사랑은 우리 안에 흐르며 그로부터 우리가 계속 길어 올릴 수 있는 원천입니다. 사랑은 삶에 새로운 활력을 제공합니다. 예수님께서는 당신의 제자들에게 계속해서 이웃을 사랑하라고 하셨고, 심지어 원수까지 사랑하라고 하셨습니다. 이것이 어떤 이들에게는 무리한 요구일 것입니다. 하지만 예수님께서는 사랑이 한 사회에서 서로 적대시하는 집단 사이의 간극을 메울 수 있다고 기대하십니다. 그리고 예수님께서는 인간을 변화시키는 사랑의 힘을 신뢰하십니다. 원수를 미워하는 것은 지속적인 불화로 이끌 뿐입니다. 원수를 사랑하는 것은 상대방을 원수가 아니라 자기 자신과 분열을 일으키기에 자기의 분열된 인격을 다른 이에게 투사하는 사람으로 바라보는 것입니다. 사랑은 상대방이 그 자신과 일치할 수 있다는 것을 신뢰합니다. 사랑하는 사람에게 더 이상 이런 적대심은 필요하지 않습니다.

심리학적으로 보면 인간 내면에는 늘 사랑과 공격성이라는 양극이 있습니다. 성숙한 사랑은 어리석지 않기에, 스스로를 착취당하도록 내버려두지 않습니다. 성숙한 사랑에는 공격성도 늘 필요합니다. 그 공격성은 우리의 경계를 함부로 침범하려는 사람들과 적당한 거리를 두고 나 자신을 지키도록 일러 줍니다. 우리가 무한한 사랑을 베푸시는 하느님은 아니기에, 사랑하려면 나 자신도 돌보고 사랑해야 합니다. 그러므로 사랑과 공격성 사이의 적절한 균형이 필요합니다. 그리고 이것은 우리에게 이롭지 않은 사람들과 거리를 두면서 이루어집니다.

신앙인과 비신앙인의 일상은 어떻게 다른가요?
그리스도인이 독자적으로 실천하는 것은 무엇인가요?

　신앙인의 일상은 비신앙인의 일상과 분명히 구분됩니다. 많은 신앙인들은 기도, 성경 읽기, 축복 등의 예식과 함께 하루를 시작합니다. 그들은 주어진 하루를 의식적으로 하느님의 축복으로 여기며 하루를 기도로 마칩니다. 노동과 일상의 활동은 비신앙인들과 같습니다. 그렇지만 여기에서도 신앙은 끊임없이 작용합니다. 왜냐하면 일상에서 다른 이들을 만나는 방식에도 나의 신앙이 영향을 주기 때문입니다. 하느님께 대한 신앙은 사람에 대한 신뢰에서도 표현됩니다. 우리는 모든 사람에게서 선을 발견하고 그들을 겉모습으로 판단하지 않도록 노력합니다.
　그리스도인들이 일상에서 독자적으로 실천하는 것이 있습니다. 바로 하루를 시작하고 마치면서 바치는 그리스도교 예식입니다.

그리고 이것은 전례력을 통해 드러납니다. 여유 있게 전례에 참석하는 주일, 즉 일요일은 그리스도인들에게 특별한 날입니다. 이러한 점에서 신앙인의 생활과 비그리스도인의 생활은 분명히 구분됩니다. 하지만 중요한 것은 외적으로 드러나는 영성 생활이 아닙니다. 내적인 자세도 중요합니다. 그리스도인들은 예수님의 영으로 사람들을 받아들이고 모든 사람에게서 그리스도를 발견하고 그들을 존중합니다.

이러한 인간과 창조된 세계에 하느님의 영이 현존하신다는 것을 느끼는 내적인 태도가 그리스도인의 본질을 형성하며 다른 이들과 구분되게 합니다. 그리스도인들은 우리의 세상을 그리스도의 영으로 채우고 변화시키기 위해 점점 더 예수님의 영이 우리를 관통하실 수 있도록, 그분이 더욱 빛나시도록 노력합니다.

어떻게 기도해야 하나요?
하느님께서는 내게 귀 기울여 주시나요?

오늘날 많은 이들이 기도가 어렵다고 합니다. 기도를 시작하려고 하면 하느님께 무엇을 말씀드려야 할지, 과연 그분께서 내 기도에 귀 기울여 주실지 의심이 들기도 합니다. 기도는 하느님과의 대화 그 이상입니다. 저에게 기도는 하느님과의 만남입니다. 이것은 하느님 앞에 앉아서 제 안에 떠오르는 모든 것을 하느님께 내놓는 시간을 의미합니다. 저는 기도를 말로 드릴 수도 있고, 제 생각과 감정, 지금까지 밀쳐 두었으나 제 안에서 솟구치는 모든 격정을 하느님 앞에 내놓습니다. 그리고 그분의 사랑이 모든 것을 채우고 변화시킨다고 생각하며 침묵 중에 기도합니다. 그러면 저는 기도가 저에게 이롭게 작용한다는 것을 느낍니다. 하느님께서는 제 이야기에 귀 기울여 주십니다.

하지만 기도하면서 그분께 '끊임없이 말씀을 드리는 것'이 아니라 오히려 내가 그분의 말씀을 들을 수 있도록 침묵해야 합니다. 물론 하느님께서는 사람의 방식에 따라 그에 응답하시지 않지만, 그분께 모든 것을 내놓거나 말씀드리면 내 안에서 무의식적으로 생각이 떠오릅니다. 이것은 심리학적 설명입니다. 하지만 왜 바로 이 생각이 떠오르는지를 저는 설명할 수 없습니다. 그래서 저는 그 생각이 아마도 하느님에게서 온 것이리라 믿습니다. 수도자들은 이러한 고찰의 수고를 덜어 주고 그 생각이 정말로 하느님에게서 오는지, 아니면 '마귀' 또는 우리의 내면(초자아)으로부터 오는지를 구분하기 위한 네 가지 기준을 제시했습니다. 생각이 하느님에게서 온다면 내 안에서는 '생기와 자유와 평화와 사랑'이 생겨납니다. 하지만 '마귀'에게서 오는 생각은 그와 반대로 '두려움, 편협함, 부담, 경직'이 생겨납니다.

만일 기도하기 어렵고 스스로 적당한 말을 찾기가 어렵다면, 그분의 말씀을 듣도록 침묵하는 것이 좋습니다. 그분 앞에 앉아 있기가 어려우면 여러 기도문의 도움을 받을 수 있습니다. 예수님께서 알려 주신 주님의 기도(마태 6,9 이하 참조)를 하나하나 아주 천천히 바치면서 기도문을 읊으면 내 안에서 무슨 움직임이 일어나는지 살펴볼 수 있습니다. 이는 2천여 년 동안 모든 그리스도인이 계속 바쳐 온 기도입니다. 이 기도를 바친 모든 이는 신앙 체험을 통해서 삶이 풍부해졌습니다. 그래서 저는 주님의 기도에서 내가 전에 알던 사람들, 지금은 하느님 곁에 있다고 믿는 이들을 느낄 수 있습니다.

저는 또한 구약의 시편 중 하나를 골라서 큰 소리로 읽습니다. 시편은 나의 고유한 신앙 체험을 표현하게 해 줍니다. 시편으로 지금까지 한 구석에 밀쳐 두었던 내 자신의 생각과 느낌을 만날 수 있습니다. 하지만 어떤 시편은 이해가 되지 않기도 하고 낯설게 느껴지기도 합니다. 이럴 때 바로 자문할 수 있습니다. '나를 움직이는 것은 과연 무엇인가?', '나는 과연 무엇을 하느님께 말씀드리고 싶은가?', '내가 하느님께 내놓고자 하는 진실은 무엇인가?', '하느님께서 나에게 채워 주셨으면 하는 깊고 깊은 갈망은 무엇인가?'

전례는 무엇을 의미하나요?
하느님께서도 전례가 필요하시나요?

    전례는 일반적으로 주일 성찬례, 즉 미사의 거행을 지칭합니다. 그러나 수도자들이 저녁 기도를 바칠 때나, 공동체에서 기도회나 말씀 전례를 거행하는 것도 전례입니다. 라틴 전통에서는 이를 하느님의 활동이라는 뜻의 '오푸스 데이opus Dei'라고 말합니다. 이를 '하느님을 위한 활동'으로 번역할 수도 있고 '하느님께서 우리에게 하시는 활동'으로 번역할 수도 있습니다. 하느님께서는 우리의 전례가 필요하지 않으십니다. 하지만 일상의 분주함에서 벗어나 전례에 참여하면서 기도와 예식과 침묵의 세계로 나아가는 것은 우리에게 이롭습니다. 성경 말씀을 듣고 그 해석을 통해 내 자신의 삶을 위한 자극을 얻기 때문입니다.

    전례는 특정 목적을 지향하지 않습니다. 성과를 지향하고 남에게 요구하기 위해서가 아니라, 나와 온전히 마주하기 위해 하느님의 말씀과 침묵으로 오롯이 시간을 보내는 것은 이롭습니다. 또한 그리스도인들은 영성체로 예수 그리스도와 진정으로 하나 되기를 희망합니다. 이러한 의미에서 전례는 하느님께서 우리에게 하시는 봉사입니다. 이를 우리가 하느님께 드린다고 생각해서는 안 됩니다.

세례는 무엇을 의미하나요?
우리는 세례를 받음으로써 다른 사람이 되나요?

　　초기 그리스도인들에게 세례는 새롭게 되는 체험이자, 부패한 세상에서 떨어져 나와 하느님의 영에 의해 채워지는 강력한 체험이었습니다. 당시에 세례를 받는 것은 본래의 하느님의 모상을 흐리게 하는 모든 것을 물로 깨끗이 씻어 내고 새로운 인간으로 태어난다는 것을 의미했습니다. 그래서 '새로워진 인간'에게 흰옷을 입혔습니다. 또한 옛 삶의 방식과 계속해서 인간에게 영향을 미치려는 모든 악에 대한 절교 선언도 세례에 속했습니다.

　　오늘날 세례가 주는 의미는 무엇일까요? 대부분 아이가 있는 가정에서는 자녀가 유아세례를 받을 수 있도록 합니다. 하지만 아이들은 자신에게 일어나는 일이 무엇인지 이해하지 못합니다. 그래서 세례는 그 부모와 친척들에게 더 의미가 있습니다. 하지만 이 세례 예식으로 아이가 누구인지 명확해집니다. 세례받은 아이는 그 부모의 자녀일 뿐만 아니라 하느님의 영으로 채워진 하느님의 자녀이고, 치유하시는 하느님의 사랑으로 보호를 받습니다.

이 사실은 기름의 치유력을 나타내는 예비 신자 성유의 첫 번째 도유를 통해서 표현됩니다. 물이 부어질 때, 아이는 자신의 본래적 모습을 흐리게 하는 모든 투사에서 자유로워집니다. 그런 다음 크리스마 성유를 통해 임금으로 도유됩니다. 크리스마 성유는 한 인간에게 힘을 북돋아 주고 그의 자격을 나타냅니다. 우리는 도유를 통해 아이의 존엄성을 강조하고, 아이가 요구와 기대에 함몰되지 않고 자유롭기를 바랍니다. 아이는 또한 자신과 다른 사람 안에 있는 거룩함의 수호자, 곧 사제로 도유되고, 예언자로 도유됩니다. 이것은 사제요, 예언자며, 임금이신 그리스도의 지체로서 살아간다는 뜻입니다. 아이가 자신의 유일회성 안에서 하느님을 드러낸다는 것에 대한 우리의 신뢰를 의미합니다.

그다음에 이 아이가 그리스도를 입었다는 것, 그리스도와 하나가 되었다는 것, 그리스도의 광채를 이 세상에 가져온다는 것을 표현하기 위해 흰옷을 입힙니다. 그리고 우리는 아이가 많은 이들의 삶에 빛과 따스함을 전하기를 바라며 타오르는 초를 전달합니다.

우리는 이렇게 질문을 던질 수 있습니다. '세례가 아이의 본질만을 드러내는가, 아니면 아이가 세례를 통해서 새로운 인간이 되는가?' 전통에 따르면 아이는 세례를 통해서 새롭게 태어나고 이로써 새로운 인간이 됩니다. 이러한 전통의 연장선상에서 우리는 세례를 받은 아이가 누구인지 대답할 수 있습니다. 세례 예식을 통해 아이는 새로운 인간이 되었고, 이제는 하느님의 자녀로서 지위를 가졌습니다. 우리가 예전에 세례를 받던 일을 상기한다면, 세례의 이러한 표상은 우리의 자기 이해를 변화시킬 것입니다. 그렇기 때문에 우리는 세례를 통하여 새로운 인간이 된다고 분명히 말할 수 있습니다. 왜냐하면 세례를 상기하고 체험하면서 옛것을 벗어 버리고 참된 본성과 마주하기 때문입니다. 우리 자신을 어떻게 체험하는가는 우리 안에 아로 새겨지고 펼쳐지는 표상에 달려 있습니다. 그렇기 때문에 세례는 우리를 새로운 인간으로 만드는 것입니다.

신심과 영성은 무엇이며 어떻게 다른가요?

예전에는 신심을 자주 언급했다면, 오늘날에는 주로 영성을 이야기합니다. 영성은 영에서 사는 것을 의미합니다. 그리스도인들은 성령에서 사는 것, 성령에 의해 채워지고 변화되는 삶을 사는 것을 영성이라고 말합니다. 그들은 또한 묵상이나 기도, 깊은 내면에서 활동하는 것에 대한 숙고 등으로 특징 지어지는 삶의 형태를 영성으로 이해합니다.

예전 사람들은 신심이라는 말로 하느님과의 경건한 관계, 즉 하느님께 대한 내적인 자세를 표현했습니다. 신심은 하느님께 헌신하고, 그분께 자신을 열어 보이며 그분께서 선사하신 모든 것에 감사함을 의미합니다. '경건함'을 뜻하는 독일어 '프롬fromm'은 8세기에서 11세기까지 독일 남부에서 사용되었던 아주 오래된 독일어 개념인 '프루마fruma'에서 왔는데, 이는 '유익'을 뜻합니다. 그러므로 경건한 사람은 다른 이에게도 축복이 되는 선한 삶을 하느님 앞에서 영위합니다. 19세기 초 낭만주의 시대 이후 '경건'은 종교적 감정을 의미합니다.

    영성은 더 넓은 개념입니다. 하지만 이 단어는 오늘날에는 애매하게 쓰입니다. 사람들은 '종교 없는 영성' 내지 '하느님 없는 영성'을 말하기까지 합니다. 마찬가지로 밀교도 이 개념을 자신들의 다양한 수행과 자세를 표현하기 위해 사용합니다. 그래서 영성은 우리를 능가하는 신비에 대한 개방성 내지 정신 집중, 묵상, 침묵 등 영적인 주제에 몰두하는 것을 의미하기도 합니다.

닫는 글

하느님의 감미로움을 맛보는 시간

저는 빈프리트 논호프가 제시한 질문에 답을 쓰면서 신앙 안에서 살아 온 75년의 시간을 감사히 돌아보았습니다. 저의 부모님은 저희 일곱 남매를 당연한 듯 신앙과 전례로 이끌어 주셨습니다. 주일뿐만 아니라 평일에도 자주 전례에 참석했고, 이는 결코 귀찮은 의무가 아니었습니다.

저는 어렸을 때부터 전례에서 거룩함을 느꼈습니다. 일찍이 주님 수난 성금요일이나 파스카 성야, 또 주님 성탄 대축일의 전례가 저를 사로잡았습니다. 우리는 전례력에 따라 생활했으며, 여러 축일이 한 해를 아름답게 했습니다. 한 해는 늘 똑같지 않았고 단조롭지도 않았습니다. 우리는 계속 축일을 기다리면서 살았습니다. 그 축일에서 전례의 광채가 삶을 환히 비춰 주었습니다.

독자 여러분은 저와는 다른 방식으로 신앙을 접했거나, 혹은 아직 신앙의 입구를 찾지 못했을 수도 있습니다. 또한 많은 경우 교회에서 체험한 인간적인 부족함을 통해서, 온갖 교의와 윤리적 가르침으로 신앙이 어렵고 낯설었을지도 모릅니다. 그래서 제게 허락되었던 신앙의 체험에서 독자 여러분을 자유와 활력으로 이끌며, 활짝 열린 이 신비와 신앙을 소개하고자 노력했습니다. 또한 신앙의 아름다움이 생생하게 드러나기를 바랐습니다.

어느 고대 철학자는 하느님을 '원초적인 아름다움'으로 이름 지었습니다. 하느님께서 세상을 창조하셨을 때 그분께서 모든 것이 참 '아름답다'고 보셨습니다. 그리스 사람들은 창세기 창조 이야기의 구절을 이렇게 번역했습니다. 신앙은 모든 충격에도 세상의 아름다움을 보기 위해 우리의 눈을 열고자 합니다. 왜냐하면 우리가 모든 아름다운 것 안에서 하느님의 아름다움을 바라보기 때문입니다. 아름다움은 언제나 우리를 치유하고 해방시키며, 영혼에 이롭습니다. 저의 주된 관심은 신앙이 이롭다는 것을 독자 여러분이 느낄 수 있게 하는 것입니다. 하지만 신앙이 삶에 대한 우리의 이해와 기준, 욕구를 무조건적으로 수용하지는 않습니다. 신앙은 그것에 의문을 제기하기도 합니다. 바로 그 안에서 신앙이 우리 내면의 진리에 부합하기에 유익하며, 실제로 이로운 삶에 대한 시각을 제공합니다.

하지만 신앙은 우리 개인의 삶 너머에도 영향을 끼칩니다. 유럽의 도시와 마을 곳곳을 둘러보면 그리스도교 신앙이 얼마나 깊은 영향을 끼쳤는지 잘 볼 수 있습니다. 만약 성당이 없다면 그 동네는 놀랄 만큼 공허할 것입니다. 성당은 모든 동네에서 사람들 위로 하늘을 열어 보입니다. 오늘날에도 천 년 이상 걸려 지어진 성당의 아름다움은 여전히 기쁨을 줍니다.

유럽 일부 지역에서 보이는 것처럼 그리스도교 신앙이 '증발'될 때, 이것은 개인적인 손실뿐만 아니라 문화적인 손실을 의미합니다. 오늘날 주일 전례에 참여하는 이들이 적다고 할지라도 바흐의 〈크리스마스 오라토리오〉나 〈마태 수난곡〉은 여전히 신앙의 문화유산입니다. 오늘날에도 이 음악은 여전히 사람들에게 감동을 줍니다.

바로 이 점에서 신앙에서 생겨나고 신앙을 표현하는 이러한 음악을 잃게 되었을 때 우리 삶이 얼마나 차갑고 빈곤하게 될지를 예감할 수 있습니다. 그리고 개인의 삶과 사회에서 신앙의 힘이 약화될 때 음악뿐만 아니라 모든 영역에서 우리의 삶이 차갑고 빈곤하게 되리라고 생각합니다.

언젠가 러시아의 문호인 도스토옙스키는 이렇게 말했습니다.

"자기 삶의 무게를 견디어 내기 위해서는, 적어도 일 년에 한 번은 화가 라파엘로가 그린 시스티나 성모님의 아름다움을 감상해야 한다."고 말입니다. 만일 우리가 성모님 그림의 아름다움을 보면서 그 아름다움에 경탄할 수 없다면 세상은 얼마나 빈곤할까요? 예술은 처음부터 종교적인 원천에서 비롯되었습니다. 그래서 예술은 그리스도교 신앙을 우리 인간이 가시적으로, 감각적으로 파악할 수 있도록 표현했습니다.

저는 일상과 주간 그리고 한 해가 대축일의 매력으로 채워지는 것을 좋아합니다. 만일 한 해가 평일과 특색 없는 휴일로만 되어 있고, 매일이 똑같다면 삶의 본질적인 무언가가 결여될 것입니다. 축일은 세속화된 세계에서 계속해서 하늘을 향한 창문을 엽니다. 거기에서도 우리 영혼에 유익함이 드러납니다. 융은 전례력을 치료 구조로 명명합니다. 그는 축일에 생생하게 드러나는 생성과 소멸의 원형이 인간과 사회에 유익한 영향을 준다고 확신했습니다. 전례력의 축일이 없다면 그저 경제적인 관점에서만 모든 것이 결정될 위험이 있습니다. 그것은 개인과 사회가 지닌 인간성에 막대한 손실일 것입니다.

성당과 교회 음악과 아름다운 성화가 모두 전례력 안에서 이루어지는 삶이 과거의 잔재에 불과하다면 무슨 일이 벌어질지 숙고해 볼 만합니다. 신앙이 없어진다면 신앙이 만들어 낸 예술 작품은 더 이상 우리의 마음을 사로잡지 않을 것입니다. 하지만 저는 우리 자신보다 더 큰 존재를 믿고자 하는 인간의 갈망을 압니다. 그러므로 저는 이 책에서 여러분의 신앙에 대한 갈망이 다시 일깨워지기를 바랍니다.

저는 여러분에게 용기를 드리고 싶습니다. 우리 자신보다 더 큰 신비를 향한 여러분의 갈망을 신뢰하세요! 여러분의 삶이 그분을 통해 풍요로워지고, 삶이 폭넓어질 뿐만 아니라 아름다워지는 모습을 보게 될 것입니다. 신앙이 과거의 잔재라며 비웃음을 살 수도 있습니다. 그럼에도 자신감을 가지고 여러분의 신앙을 고백하십시오! 또한 전례에 참여하거나 식사를 할 때 그 신앙을 사람들 앞에서 표현하십시오!

신앙은 매 식사에서 '하느님의 감미로움'을 맛보는 것입니다. 먹고 마시고, 듣고 보고, 냄새를 맡고 맛을 보는 것들은 신앙을 통해서 다른 차원으로 고양됩니다. 모든 것에서 우리를 둘러싸고 있는 신비, 중세 신비가들이 말했듯이 하느님의 감미로움을 느낄 수 있습니다. 이것이 우리 삶에 새로운 맛을 줍니다.

저는 여러분 모두가 오늘날에도 여전히 발견할 수 있는 저 위대한 신비의 맛을 보기를 바랍니다. 그리고 여러분의 삶과 존재하는 모든 것을 새로운 전망으로 바라볼 수 있기를 바랍니다. 이 새로운 전망이 여러분의 삶을 더욱 폭넓고 아름답게, 더욱 풍요롭고 생생하게, 더욱 사랑스럽고 힘차게 만들 것입니다.